AF502670

L'OCCUPATION DE L'AFRIQUE

PAR LES

MISSIONNAIRES CHRÉTIENS

DE

L'EUROPE ET DE L'AMÉRIQUE DU NORD

PAR

M. Robert Needham CUST, L. L. D.

GENÈVE

IMPRIMERIE AUBERT-SCHUCHÁRDT

1891

CHAPITRE I

Remarques préliminaires

Dans les premiers siècles de l'histoire du monde, l'Afrique était le « corpus vile » de l'Asie; au temps des Grecs et des Romains et pendant les périodes subséquentes, elle devint le « corpus vile » de l'Europe. Autrefois, les Européens avaient coutume de voler les Africains à l'Afrique; maintenant, ils essayent de voler l'Afrique aux Africains.

C'est une soif de posséder des territoires dont on ne pourra jamais tirer parti, un désir de dominer sur des tribus barbares que le souverain ne sait comment gouverner et qui ne lui procureront jamais ni profit ni crédit, une sorte de démangeaison de prendre possession de toutes choses, comme si le Créateur lorsqu'Il fit le monde n'avait songé qu'à l'Europe. L'ignorance prétendue ou l'orgueil d'avoir une marine puissante ne justifieront guère l'indifférence nationale au sujet de la violation des droits, et du sacrifice des vies de populations innocentes et inoffensives.

Il y a un siècle, dans son accusation contre Warren Hastings, Burke s'exprimait ainsi : « Animés de toute la cupidité de la vieillesse et de l'impétuosité de la jeunesse, les Anglais se sont déversés sur les Indes en flots successifs, et aux yeux des Hindous ne s'offrait qu'un seul tableau de vols d'oiseaux de proie toujours renouvelés, l'appétit sans cesse excité pour une nourriture qui faisait sans cesse défaut. Nous nous vantons de vivre à une époque où les consciences sont plus délicates et où règne un plus grand respect des droits du prochain que par le passé. J'espère que notre conduite, en tant que nation, à l'égard des Indes, peut justifier cette prétention. »

Lord Palmerston écrivit, dit-on, ce qui suit à Napoléon III : « Quelle combinaison pourrions-nous imaginer pour devenir agresseurs sans être provoqués, pour imiter, en Afrique, le partage de la Pologne par la conquête du Maroc pour la France, de Tunis pour l'Italie, de l'Egypte pour l'Angleterre, et comment l'Angleterre et la France, qui ont garanti l'intégrité de l'empire turc, pourraient-elles faire volte-face et enlever l'Egypte au sultan ? Nous n'avons pas besoin de l'Egypte, il nous faut pouvoir passer par l'Egypte. »

Il fut un temps dans l'histoire du grand empire romain, où de sages conseillers recommandaient que les limites de l'empire fussent restreintes au Danube, au désert de Lybie et à l'Euphrate, et qu'aucune nouvelle adjonction n'y fût faite de crainte que la superstructure de l'édifice ne devînt trop vaste pour sa base. Les gouvernements européens ne prennent pas de telles précautions. La lutte pour l'Afrique, au point de vue politique, commercial et religieux, par la voie des annexions, de l'importation des spiritueux et des instruments de guerre, et par les prédicateurs de l'Evangile de paix, est un des phénomènes les plus marquants de la dernière partie du dix-neuvième siècle. Le partage politique de l'Afrique a déjà été suffisamment décrit ; le partage commercial pourrait faire le sujet d'une étude intéressante et profitable. Aujourd'hui, je me bornerai à « l'occupation missionnaire de l'Afrique » pendant les dix dernières années de ce siècle.

Je ne m'occupe pas des événements du passé, et je n'entreprends pas non plus de spéculer sur l'avenir. Une exactitude complète est impossible : le kaléidoscope est sans cesse en mouvement et forme de nouvelles combinaisons. Toutes les îles comprises dans la soi-disant Afrique des géographes sont exclues. La religion chrétienne est envisagée dans le sens le plus étendu des agents de recensement. Pour le but que se propose cette étude, l'œuvre du missionnaire n'est envisagée qu'au point de vue de son influence *civilisatrice* sur les éléments temporels de ce monde. On admet que l'Islam possède la majorité de la population de l'Afrique avec une tendance à s'accroître en vertu de sa force propre et de sa facilité d'adaptation à l'Afrique païenne, et il est reconnu comme l'adversaire déclaré de la civilisation apportée d'outre-mer par les missionnaires chrétiens.

Il est admis en fait qu'il existe de grandes différences dans les dogmes et les méthodes des divers régiments de cette armée envahissante, mais tous ses membres appartiennent à la catégorie des philanthropes à l'esprit élevé, bons, honnêtes, amis de la paix, bienveillants ; comme preuve de leur dévouement, un grand nombre sont morts à leur poste et cependant de nouvelles recrues arrivent sans cesse. Les écoles, les hôpitaux et les imprimeries qui doivent l'existence à leurs efforts sont autant de bornes indiquant les étapes du progrès, mais la seule présence d'un missionnaire élève le niveau moral de tous ceux qui entrent en contact avec lui, ou qui sont simplement les témoins de sa vie journalière. Le spectacle d'une vie sainte, tempérante, pure, bienfaisante et laborieuse est un phénomène qui étonne, attire et subjugue peu à peu les volontés obstinées mais pas nécessairement mauvaises de ces races dont l'intelligence n'a pas été faussée. N'être ni pillé, ni maltraité, ni dépouillé de sa femme et de ses enfants par quelqu'un qui aurait certainement la puissance matérielle de vous nuire éveille de nouveaux sentiments. Le travail libre dans les stations missionnaires cause une nouvelle surprise, car au lieu de violences, d'un travail forcé et du fouet, le noir reçoit un salaire quotidien, de bonnes paroles, des sourires et des soins attentifs dans les cas de maladies ou d'accidents. Ajoutez à cela le respect pour la vieillesse, la tendresse envers le sexe faible et la bonté envers les enfants ; tout cela ne compterait pour rien en pays chrétien, mais ouvre de nouveaux horizons aux barbares ; c'est un Évangile vivant, agissant et parlant, présenté à leur intelligence et à leur cœur. Que personne ne déprécie l'influence civilisatrice d'un homme tempérant, de culture européenne, au milieu d'une population africaine.

Nous devrions nous défaire de nos préjugés nationaux européens et considérer ce qui vaut le mieux pour les populations des régions annexées. Les Anglais ont une habitude ridiculement invétérée de s'imaginer que toutes les contrées qui ont quelque valeur doivent passer sous la domination de l'Angleterre. Toutes les soi-disant colonies françaises reposent sur le principe que la colonie doit être sacrifiée à la mère-patrie, avec un système exclusif de monopole commercial, et l'usage exclusif de la langue française dans les affaires et l'éducation. Les Allemands se sont mis en quête de colonies sans calculer les frais et sans posséder ces aptitudes pour le gouvernement colonial qu'une longue expérience a données aux Anglais et aux Français. Avec un cynisme brutal, ils se sont emparés de ce qu'ils pouvaient prendre sans s'inquiéter des sentiments du peuple et sans penser au jour où il faudra rendre compte, et qui viendra certainement.

S'il est vrai qu'on ait l'intention de tenter la terrible expérience du travail forcé, des plantations et du servage localisé, que la population indigène doive être forcée de travailler et que le missionnaire doive surveiller des écoles industrielles pour lui enseigner comment il faut travailler, la fin peut ne pas être bien éloignée ; les Espagnols ont exterminé la population caraïbe des petites îles des Indes occidentales, mais les races de l'Afrique au sud de l'Équateur sont plus vigoureuses et ont de vastes régions centrales où elles peuvent se retirer. Le règne de la force peut remplacer le règne de la loi et de l'équité pendant un court espace de temps, mais au dix-neuvième siècle il est impossible de pousser jusqu'à sa limite la plus extrême la brutalité qui, au neuvième, caractérisa la politique de Charlemagne dans ses procédés à l'égard des Saxons.

S'il est une raison qui, plus que toute autre m'ait encouragé à faire ce travail, c'est le désir d'empêcher l'intrusion des agents d'une mission dans un territoire occupé par une autre.

Certes, en ce qui concerne l'Afrique, on peut dire : « il y a encore de la place. » Les chrétiens sont tenus de faire l'œuvre chrétienne d'une manière chrétienne, et ce n'est pas agir en bon chrétien que de fomenter des difficultés dans les Églises naissantes en provoquant des contestations au sujet de noms et de coutumes. Quelque tentante que puisse être la chance du succès, et quelque pressante que puisse être l'invitation, le missionnaire chrétien doit s'imposer une grande réserve; il va sans dire que les villes d'une étendue considérable telles que le Cap, Sierra Léone, Lagos, Zanzibar, Alger, Tunis, Tanger, le Caire, sont la propriété commune de toutes les Églises. Une société de peu d'importance ne devrait pas jouer le rôle du chien devant sa mangeoire et tandis qu'elle ne ferait rien elle-même essayer d'écarter les autres sociétés. Les autorités rivales dans la mère-patrie, devraient maintenir ce principe et agir les unes envers les autres dans la paix et la tolérance chrétienne. On dit des catholiques romains qu'ils s'établissent à côté des missionnaires protestants dans le dessein de détruire l'œuvre de ces derniers. Ceci n'est pas littéralement vrai. Nombre de missions catholiques romaines sont actuellement sur un sol vierge, ou étaient en possession de certains pays avant l'arrivée des protestants. Le cardinal Lavigerie m'a dit à Tunis, en 1882, qu'il avait donné des ordres positifs pour que ses agents ne fondassent aucune station à moins d'une certaine distance d'une mission protestante; cette politique sage et prévoyante devrait être celle de tous ceux qui dirigent les missions. Dans l'Inde anglaise il n'y a jamais eu de difficulté de ce côté. Des erreurs dues à l'ignorance peuvent avoir été commises dans les années précédentes : à l'avenir, après l'examen de notre exposé, cette excuse ne pourra plus être mise en avant.

Admettons franchement que les nations maritimes de l'Europe occidentale ont été pendant bien des siècles irrésistiblement attirées par la politique de colonisation; elles colonisaient sans avoir une perception bien nette de ce que seraient les résultats de leurs efforts; il ne s'y mêlait pas l'effronterie des récentes annexions germaniques, les soi-disant traités avec les chefs, les annexions nominales, puis l'application de la force. Sans doute l'empire romain fut irrésistiblement entraîné à la conquête des Gaules et de la Bretagne, qui, pendant un certain temps, furent de mauvaises acquisitions, mais le contact merveilleux de la civilisation et de la religion romaines amena la création de la France et de l'Angleterre telles que nous les connaissons. Peut-être les nations européennes feront-elles naître en Afrique de nouvelles nationalités qui gouverneront le monde futur. Ceci nous ramène à l'examen du devoir d'introduire une bonne administration dans ces contrées annexées, et de la responsabilité devant Dieu et les hommes, que les nations européennes ont assumée d'un cœur si léger.

Quelle devrait être la politique? 1° Le développement des aptitudes des peuples africains pour un self-gouvernement... soit monarchique soit républicain. 2° Les puissances européennes devraient pratiquer la justice et le désintéressement à l'égard de populations qui, comme un troupeau de brebis sans défense, ont été placées sous leur influence par l'emploi de la violence et de la force brutale. 3° Les ressources du pays devraient être développées d'après une méthode qui n'eût pas pour but de détruire la population indigène. 4° L'introduction d'un commerce légitime, à l'exclusion des spiritueux et des armes meurtrières, et des avantages de l'éducation et de la culture sociale.

Qu'en a-t-il été en pratique? L'Européen débarque sur la côte d'Afrique comme savant, commerçant, grand chasseur ou puissant explorateur. Sans aucun égard pour les droits d'autrui, il parcourt le pays comme s'il était le propriétaire du sol; il traite des tribus qui, depuis des siècles, sont en possession légitime du pays, comme si elles rentraient dans la catégorie des bêtes sauvages, comme de simples fauves; il ne s'inquiète ni des âmes des natifs ni de leurs corps (et cependant Christ mourut sur la croix pour ces tribus aussi); il brave leurs lois sur la chasse, il enlève les fétiches de leurs foyers, les crânes et les os de leurs ancêtres de leur lieu de sépulture et souvent viole leurs femmes.

Si des vieillards à barbe grise le prient humblement de passer outre ou de se retirer, il se moque d'eux; si les jeunes gens mettent leurs lances en travers du chemin de l'envahisseur, on les tue avec des armes de précision. Le meurtre ne compte pour rien, quand l'Européen se rencontre sur le chemin de l'Africain; il sait, et eux savent qu'il sait, qu'il est le héraut et l'avant-garde des destructeurs de leur race, de leurs coutumes et de leur religion; ils savent qu'il apporte avec lui les spiritueux, des maladies affreuses, et des armes meurtrières; qu'il est un homme de sang, un voleur d'hommes, un accapareur du sol, parfois un fort buveur, souvent un adultère; s'il lui arrive d'être blessé, il crie comme s'il était innocent et qu'on l'eût injurié ; s'il est tué, ses amis comptent que sa mort sera vengée par l'envoi d'une force armée ou d'une canonnière, et par le massacre des femmes et des enfants ; il se donne le titre de prophète de la civilisation, tandis qu'il est le démon de la désolation et de la destruction ; il fait la solitude et la nomme paix, puis il promène ses regards autour de lui, sourit avec complaisance et s'écrie : « Voyez le beau pays que j'ai ouvert aux Allemands, aux Anglais et aux Français ; les nouveaux débouchés pour le commerce, les nouveaux champs de travail pour les missions, les nouveaux lieux d'habitation sous les tropiques brûlants pour la population surabondante des climats plus froids ! N'est-ce pas là le droit divin des chrétiens ? »

Il faut reconnaître que dans leurs procédés à l'égard des indigènes de l'Afrique, les hommes d'État ont complètement perdu de vue les principes du christianisme élémentaire et le respect pour le sentiment national. Personne ne cherche ce qui est bien et juste ; chacun considère son intérêt personnel au point de vue le plus étroit. Les vautours d'Europe se sont abattus sur le cadavre de l'Afrique et sont en train de le dépecer mais avec la contenance dévote et la phraséologie pharisaïque des philanthropes chrétiens les plus avancés. Jamais on ne s'est moqué du monde d'une manière plus affreuse.

L'on a totalement oublié que les millions de noirs africains sont enfants du même Père que nous, d'un Père qui éprouve de l'amour pour tous ses enfants et un amour d'autant plus grand qu'ils sont plus dégradés. Nous ne devrions nous permettre aucune illusion : il ne sert de rien de parler d'un ton dégagé d'une civilisation et d'un christianisme dont les seuls signes extérieurs et visibles sont la dame-jeanne de rhum et la carabine ; le contact de l'Afrique avec le commerce européen doit avoir des effets mortels ; l'entrée de l'Afrique dans les filets de la politique européenne ne peut être que nuisible ; le seul espoir d'amélioration de cette malheureuse race repose sur le missionnaire chrétien.

Pour le but que je me propose aujourd'hui, je divise l'Afrique en quatre régions :

I. De Souakim, sur la mer Rouge, au cap Blanc sur l'Atlantique, en suivant la ligne de côtes pour la limite septentrionale, et le vingtième degré de latitude nord pour la limite méridionale. Ceci constitue la région du nord.

II. Du cap Blanc, sur la côte occidentale, à l'embouchure de la rivière Cunéné ; les limites sont : au nord, le vingtième degré de latitude nord ; à l'ouest, l'Atlantique ; au sud, le dix-huitième degré de latitude sud ; à l'est, le vingtième degré de longitude est. Ceci constitue la région occidentale.

III. De l'embouchure de la rivière Cunéné, à l'embouchure du Zambèze; la limite nord est formée à peu près par le dix-huitième degré de latitude sud; à l'ouest, au sud et à l'est la limite suit la ligne de côtes. Ceci constitue la région méridionale.

IV. De l'embouchure du Zambèze, à Souakim sur la mer Rouge; les limites sont : au nord, le vingtième degré de latitude nord ; à l'ouest, le vingtième degré de longitude est ; au sud, environ le dix-huitième degré de latitude sud; à l'est, l'océan Indien. Ceci constitue la région orientale.

Commençant par la région septentrionale, je procéderai de l'est à l'ouest jusqu'à ce que je sois revenu à mon point de départ.

Rien n'indiquera à quelle fraction particulière de la chrétienté appartient l'auteur. Ainsi qu'il a été dit plus haut, le point de vue adopté est celui de la civilisation et de la culture sociale, et il est parfaitement indifférent de savoir quelles peuvent être les opinions dogmatiques ou ecclésiastiques des agents qui apportent ces bienfaits, car *ces bienfaits sont apportés par tous*. Cependant il est hors de doute que la forme extérieure sous laquelle se présente l'activité du missionnaire est essentiellement variée, car elle emprunte sa couleur à la nation et aux opinions religieuses d'une mission particulière.

Qu'il me soit permis d'essayer d'expliquer ceci à un point de vue purement mondain. La division fondamentale est celle de l'Église de Rome et des Églises protestantes. En Afrique, la grande majorité des missionnaires de la première sont Français, mais il s'y trouve aussi des représentants Anglais, Allemands, Portugais, Belges et Italiens. Je crois être dans le vrai en disant qu'ils travaillent exclusivement en congrégations ou confréries, sous un nom religieux particulier avec une autonomie qui leur est propre, et il n'existe pas en Afrique de missionnaires envoyés par une Église nationale qui ne soit pas européenne. En vertu des lois de leur Église, ces missionnaires sont nécessairement voués au célibat, leur travail est un travail à vie, et ils se contentent des choses strictement nécessaires. Quarante livres par an suffisent à l'entretien d'un homme à la côte; les frais de transport doivent rendre la vie à l'intérieur plus coûteuse. Ils portent un costume distinctif et jouissent d'une réputation sans tache. En général, ils n'interviennent pas dans les affaires temporelles; ils encouragent l'éducation et les arts industriels et inculquent la morale sociale sous sa forme la plus élevée. Peut-être le Français est-il trop enclin à enseigner la langue française aux sauvages de l'Afrique, au lieu d'adopter lui-même l'idiome de l'endroit. Le défaut, qu'à un point de vue mondain, je trouve chez eux tous, c'est l'exclusion de la Bible dans l'idiome du pays, et l'achat **à bas prix**, auprès de trafiquants d'esclaves, de garçons et de filles pour remplir leurs écoles et recruter des membres aux futures communautés chrétiennes. Ils nomment cela « rédemption » et sans doute ils agissent ainsi dans une intention pure et sainte, mais la transaction en elle-même est un trafic d'esclaves tout aussi bien de leur part que de celle des Arabes qui achètent des enfants des deux sexes pour les déshonorer en en faisant des eunuques et des concubines. Un homme pourrait racheter sa femme ou son enfant qui auraient été emmenés par un marchand d'esclaves, mais un missionnaire européen n'a pas le droit d'acheter cette femme ou cet enfant au marchand d'esclaves uniquement dans l'intérêt de la mission, et aucun gouvernement européen ne doit tolérer cette manière d'agir.

Quant à la Bible, pardonnez ma hardiesse, c'est à Jérôme en particulier que nous sommes redevables de la traduction latine de la Vulgate, qui a maintenu le christianisme vivant depuis l'époque où il vivait, soit 400 ans après Jésus-Christ, jusqu'au temps d'Erasme (en 1400). Si, dans l'Europe occidentale, la Bible était devenue un objet fossile comme dans les Eglises corrompues d'Asie, où aurait-on trouvé la connaissance divine lorsqu'à l'époque de la Renaissance l'occident se réveilla de son sommeil séculaire ? Sous le rapport matériel, intellectuel et éducateur, la Bible est la base, la clé et le chef-d'œuvre de la littérature européenne, car les traductions de la Bible faites au moyen âge créèrent les idiomes actuels des races teutoniques, et créent encore à l'heure qu'il est des idiomes sur toute la terre ; les sentiments de la Bible comme de brillants fils d'or tissent la trame de toute la littérature moderne, et l'harmonie de ses pensées et de ses paroles forme le thème qui s'entend à travers la symphonie de toute poésie et de toute prose modernes ; enfin la Bible est un livre qui par lui-même est une bibliothèque contenant tous les genres de littérature et sans lequel la littérature de quelque nation que ce soit serait incomplète. Pourquoi donc la refuser au pauvre Africain, qui n'a aucune littérature indigène ? C'est la base du droit commun en Europe et en Amérique, c'est le seul livre que tous acceptent, et dont la connaissance mettra l'Africain en rapport avec les Européens et les Américains et sur le même niveau qu'eux. Si la connaissance de la Bible rend quelque dogme du moyen âge insoutenable aux yeux du simple bon sens, tant pis pour le dogme ; pareil à Dagon, il s'est brisé en mille pièces en présence de l'Arche. Jetez-le par-dessus bord. Le dogme venait de l'homme; la Bible vient de Dieu.

Les missionnaires protestants se recrutent aux États-Unis, dans la Grande-Bretagne, en France, en Suisse, en Allemagne et en Scandinavie; ils sont envoyés par des Sociétés organisées qui, dans les pays protestants, remplacent les communautés des Églises primitives, et dont l'organisation présente de grandes diversités. Des mariages imprudents, de nombreux enfants, les difficultés dont ils sont cause, accrues par la maladie et la mort, l'absence d'une instruction en rapport avec la vocation, le manque de discipline et d'obéissance, rendent les missions des Églises protestantes beaucoup plus coûteuses, et leur administration beaucoup plus difficile; c'est une consolation de savoir que le principe de la communion fraternelle et du célibat, au moins pendant les dix premières années de travail, gagne du terrain dans l'opinion publique. En général il y a abstention totale de complications industrielles ou commerciales; quelques missions font exception à la règle, et n'en retirent qu'un avantage douteux. Les missions protestantes ont pour elles l'éducation, la Bible en langue indigène, et l'absence d'achat de filles et de garçons pour remplir les écoles et former des communautés. Les désavantages sont le manque d'une vie consacrée, le chiffre plus élevé des dépenses, le devoir envers Dieu sacrifié aux obligations qu'impose la vie domestique, le culte de la volonté individuelle au lieu de l'obéissance absolue à un chef compétent.

Les amis des deux missions, catholique et protestante, offensent le bon goût et nuisent à leur propre cause par le ton louangeur de leurs publications et de leurs discours en chaire ou autre part; si le sujet n'était pas si sérieux, on serait porté à en rire. Pendant nombre d'années, j'ai lu des rapports en anglais, en français, en allemand, en italien et j'ai toujours blâmé et déploré leur style boursouflé; jamais la moindre allusion à des insuccès, à des erreurs ou à des imperfections; tout le récit consiste en éloges sans bornes et souvent peu mérités; les puissances spirituelles, indépendantes des forces matérielles, sont représentées comme combattant aux côtés du missionnaire. Si le missionnaire romain remporte l'ombre d'un succès, on l'attribue aussitôt à l'intervention d'un saint ou d'une sainte, qui travaille dans son intérêt; si la mission protestante est en voie de prospérité, c'est une réponse directe à la prière. Mais lorsque les calamités fondent sur une mission, que les stations sont détruites, les missionnaires tués, jamais les agents de Rome n'expliquent pourquoi leurs puissants amis, les saints, n'ont pas réussi à les sauver, ni les protestants pourquoi leurs prières sont restées sans réponse. De deux côtés l'on oublie que le Dispensateur tout-puissant des événements bénit parfois une entreprise en plaçant sur sa route une pierre d'achoppement, guide parfois ses faibles créatures en fermant les portes devant elles aussi bien qu'en les leur ouvrant, et qu'Il instruit par les épreuves et le martyre tout autant que par le succès et la prospérité. Toute vanterie, toute louange personnelle, tout étalage d'épithètes devraient être bannis d'un récit sérieux, racontant une œuvre accomplie humblement et fidèlement par des hommes dévoués dont la récompense viendra en son temps.

En outre, on peint les adversaires de la mission sous les couleurs les plus sombres ; les Africains païens et les mahométans sont présentés aux hommes de la mère patrie qui n'ont jamais quitté leurs pénates, comme des êtres plongés dans toute espèce de débauches, de péchés révoltants et de dégradations. J'ai visité les contrées septentrionales de l'Afrique, et je n'ai pas trouvé qu'il en fût ainsi ; un séjour d'un quart de siècle dans les Indes, où j'étais en rapport immédiat avec les païens et les mahométans, ne m'a pas amené à penser que la religion des uns et des autres entraîne nécessairement avec elle la débauche, de honteux péchés et l'avilissement ; au contraire, j'ai trouvé parmi eux quelques-uns des plus nobles types de la race humaine, de beaucoup supérieurs à la généralité des Européens, et les rues de Londres et de Paris ne proclament-elles pas la dégradation des populations soi-disant chrétiennes ?

Quant aux Africains, la première chose à faire c'est de mettre à leurs portes le christianisme, la civilisation chrétienne et la culture sociale, et même alors un gouvernement chrétien très ferme sera nécessaire pour donner chance de réussite aux nouveaux éléments, car le caractère de la race est étonnamment mobile ; les races équatoriales ne peuvent pas se maintenir au même niveau moral que les habitants de climats plus froids, en tout cas elles ne l'ont jamais fait. Pendant bien des générations les croyances et les usages des païens se conserveront sous le vêtement chrétien ou mahométan. Il y a plus : dans les contrées tropicales le colon européen dégénérera sans aucun doute, comme l'ont fait les immigrants asiatiques des contrées orientales ; ses descendants perdront quelques-unes des vertus de leurs ancêtres et acquerront quelques-uns des vices locaux ; la question est complexe et ne laisse pas grand espoir.

Je vais maintenant procéder à la description des quatre régions susmentionnées par un court récit, un tableau statistique et une carte.

CHAPITRE II

Région du nord

Subdivisions : I. Souakim. — II. Egypte. — III. Tripolitaine. — IV. Tunisie. — V. Sahara. — VI. Algérie. — VII. Maroc.

Cette région est en grande partie composée d'Etats organisés, et la question missionnaire s'y présente tout autrement que dans les autres régions. Si les facilités s'y sont accrues, il en est de même des difficultés. Le contact avec l'Europe lui a été fatal; les complications politiques lui sont préjudiciables; la présence de colonies israélites y crée de nouveaux problèmes; l'islamisme est la religion dominante de toute la région, mais l'influence chrétienne en réprime les tendances persécutrices. En fait, la position de cette région du nord ressemble plus à celle de l'Asie qu'à l'Afrique proprement dite. L'Europe est grandement redevable à cette région septentrionale africaine; l'alphabet dont nous nous servons est originaire d'Egypte ; les premières traductions grecques et latines de la Bible nous sont venues d'Afrique ; c'est à des hommes qui vécurent et moururent en Afrique que l'on peut faire remonter une grande partie de la mythologie du monde païen et de la théologie du monde chrétien. De tous temps l'Europe a pillé les Egyptiens, elle le fait encore aujourd'hui.

I. Souakim sur la mer Rouge fait, au point de vue politique, partie de l'Egypte; c'est le port d'où, avant qu'il soit longtemps, l'on atteindra Berber et Khartoum sur le Haut-Nil. Un médecin attaché à la mission de l'Eglise anglicane y a passé quelque temps en 1890, mais il a été rappelé. Il y a quelques années, deux prêtres de l'institut de Vérone y furent envoyés et ils s'y sont fixés d'une manière permanente; les habitants sont des nomades sauvages de race chamite, ils parlent un idiome qui n'a aucun rapport avec l'Arabe; ils sont mahométans.

II. L'Egypte est le théâtre de nombreuses entreprises; la population indigène est composée de cophtes et de mahométans, tous parlent l'arabe. La mission la plus importante est celle de l'Eglise presbytérienne (unie) d'Amérique; ses stations s'étendent jusqu'à Louqsor; la mission de l'Eglise anglicane a une modeste station au Caire; c'est aussi dans cette ville que se trouvent l'hôpital et les écoles Whately, et le collège Gordon destiné à l'éducation supérieure. Des établissements de diaconesses de Kaiserswerth près Dusseldorf existent aussi au Caire et à Alexandrie. Les missions susmentionnées accomplissent leur œuvre au milieu de la population, sans distinction de races. Au Caire et à Alexandrie, il y a deux missions anglaises spécialement destinées aux juifs. L'Eglise romaine est représentée dans différentes parties de l'Égypte par des congrégations de Franciscains, par les missions africaines de Lyon, par des Lazaristes et des Frères de la doctrine chrétienne. Les Sociétés bibliques d'Angleterre et d'Amérique fournissent des exemplaires de l'Ecriture sainte dans les diverses langues du pays.

III. La Tripolitaine est une province turque. La Société anglaise de l'Afrique du nord a une station à Tripoli ; la population est musulmane et parle l'arabe. La Société biblique britannique pourvoit à la vente de l'Ecriture sainte. L'Eglise de Rome est représentée par des Franciscains.

IV. La Tunisie est une colonie française. A Tunis et à Sfax existent des stations de la Société anglaise de l'Afrique du nord. La Société de Londres a une mission pour les juifs à Tunis, et la Société biblique britannique y a un dépôt pour la vente des Ecritures. L'Eglise romaine est représentée par l'ordre des Capucins, les Frères de la doctrine chrétienne et la mission française de Notre-Dame d'Afrique. La population se compose de mahométans qui parlent l'arabe.

V. Le Sahara est une contrée imparfaitement connue, indépendante, et peu peuplée, qui s'étend au sud de la Tripolitaine, de la Tunisie et de l'Algérie. L'Eglise romaine y est représentée par la mission française de Notre-Dame d'Afrique. Des stations y sont maintenant occupées par l'ordre armé des Frères du Sahara, en vue de protéger les missionnaires. Les habitants sont de race chamite ; ils parlent l'arabe et le touareg.

VI. L'Algérie est une colonie française. La Société anglaise de l'Afrique du nord y a plusieurs stations ; la mission évangélique de Paris y en a aussi une, et la Société biblique britannique y entretient plusieurs dépôts. La population est mahométane mais de deux races différentes, les Kabyles, qui sont de race chamite et parlent le kabyle, et les Arabes qui sont sémites et parlent l'arabe. On y fait grand usage du français. L'Eglise romaine est représentée par les Jésuites, les Trappistes et la mission française de Notre-Dame d'Afrique.

VII. Le Maroc est un royaume indépendant dans le plus triste état de dégradation politique. La Société anglaise de l'Afrique du nord y a plusieurs stations ; la Société de Londres a un agent à Mogador. La

Société presbytérienne unie d'Ecosse possède une station à Rabat. L'Eglise romaine est représentée par des Franciscains et par des prêtres espagnols. La Société biblique britannique y a un dépôt. La population se compose d'Arabes, de Berbères, de Juifs et d'esclaves nègres du Soudan; les Arabes et les Berbères sont mahométans; les langues usitées sont un arabe dégénéré, le shilha et un dialecte nègre.

RÉGION DU NORD

Nos. Subdivisions.	Agences.	Stations.	Populations.	Langue.	Remarques.
I. Sou. kim.	Institut de Vérone	Souakim.	Hadendoa.	Bishari.	—
II. Égypte.	1. Presbytérien - ne unie d'A- mérique.	Alexandrie. Le Caire. Assiout. Louqsor.	Mahomét. et Cophtes.	Arabe.	—
id.	2. Mission de l'E- glise angli- cane.	Le Caire.	Mahomét.	id.	—
id.	3. Ecole et hôpi- tal Whately.	id.	id.	id.	—
id.	4. Diaconesses de Kaiserswerth.	Le Caire. Alexandrie.	id.	id.	—
id.	5. Collège Gor- don.	Le Caire.	Mahomét. et Chrétiens	id.	—
id.	6. Société de Lon- dres.	Alexandrie.	Juifs	id.	—
id.	7. Mission parois- siale d'Angle- terre.	Le Caire.	id.	id.	—
id.	8. Société bibli- que britanni- que.	Alexandrie. Le Caire.	Mahomét. Chrétiens et Juifs.	id.	—
id.	9. Société bibli- que améri- caine.	id.	id.	id.	—
id.	10. Franciscains.	Le Caire. Alexandrie.	Mahomét. Cophtes.	id.	—
id.	11. Jésuites.	Le Caire. Minich.	—	id.	—

N°s. Subdivisions.	Agences.	Stations.	Populations.	Langue.	Remarques.
II. Egypte.	12. Missions afri- caines de Lyon	Zagazig.	—	Arabe.	—
id.	13. Lazaristes.	—	—	id.	—
id.	14. Frères de la doctrine chré- tienne.	—	—	id.	—
III. Tripoli- taine.	1. Société de l'A- frique du nord	Tripoli.	Mahomét.	id.	—
id.	2. Société bibli- que britan.	id.	id.	id.	—
id.	3. Franciscains.	id.	id.	id.	—
IV. Tunisie.	1. Société anglai- se de l'Afri- que du nord.	Tunis. Sfax.	id.	id.	—
id.	2. Société de Londres.	Tunis.	Juifs.	id.	—
id.	3. Société bibli- que britan.	id.	Mahomét. et Juifs.	id.	—
id.	4.	id.	Mahomét.	id.	—
id.	5. Capucins.	id.	id.	id.	—
id.	6. Frères de la doctrine chré- tienne.	id.	id.	id.	—
id.	7. Mission fran- çaise de No- tre - Dame d'Afrique.	id.	id.	id.	—
V. Sahara.	1. Mission fran- çaise de No- tre - Dame d'Afrique.	Biskra. Ghadamès.	id.	id. Kabyle. Touareg.	—
id.	2. Ordre armé des Frères du Sa- hara.	Biskra	id.	id.	—
VI. Algérie.	1. Société anglai- se de l'Afri- que du nord.	Alger. Constantine Tlemcen, Mascara.	id.	Arabe. Kabyle.	—

N°. Subdivisions.	Agences.	Stations.	Populations.	Langues.	Remarques
VI Algérie.	2. Mission évangélique de Paris.	?	Mahomét.	Kabyle.	—
id.	3. Société biblique britannique.	Alger. Constantine	Mahomét. et Juifs.	id.	—
id.	4. Mission wesleyenne anglaise.	Bougie.	—	—	—
id.	5. Jésuites.	Oran.	id.	id.	—
id.	6. Trappistes.	—	id.	id.	—
id.	7. Mission française de Notre - Dame d'Afrique.	—	id.	id.	—
id.	8. Lazaristes.	—	id.	id.	—
id.	9. Prêtres espagnols.	—	Chrétiens.	id.	—
VII. Maroc.	1. Société anglaise de l'Afrique du nord.	Tétouan. Tanger. Casabianca.	Mahomét. Nègres-païens.	Arabe. Shilha. Nègre.	—
id.	2. Société de Londres.	Mogador.	Juifs.	—	—
id.	3. Société presbyt. unie d'Ecosse.	Rabat.	Mahomét.	Arabe.	—
id.	4. Société biblique britannique.	Tanger.	Mahomét. et Juifs.	id.	—
id.	5. Franciscains.	—	Mahomét.	id.	—
id.	6. Prêtres espagnols.	Ceuta.	Chrétiens.	Espagnol.	—

CHAPITRE III

Région occidentale

Subdivisions : I. Sénégambie. — II. Sierra-Leone. — III. Libéria. — IV. Côte d'Or. — V. Côte des Esclaves. — VI. Bassin du Niger. — VII. Cameroun. — VIII. Gabon. IX. Bassin du Congo. — X. Angola.

I. Poursuivant ma route le long de la côte occidentale, à partir de la frontière sud du Maroc jusqu'à la rive septentrionale de la rivière Cunéné, j'entre dans la subdivision de la Sénégambie que, pour faciliter cette étude, j'envisagerai comme s'étendant jusqu'à la rivière Scarcies, qui la séparera de la subdivision de Sierra-Leone. Dans ces limites sont comprises : la colonie française du Sénégal et ses dépendances, la colonie anglaise de Gambie et la colonie portugaise.

A l'intérieur, jusqu'au bassin du Niger supérieur, et au delà dans le Soudan, se trouve une région mahométane totalement dépourvue de missions chrétiennes. Par suite de la difficulté causée par le système français d'administration coloniale qui n'admet d'autre éducation que celle en langue française, il n'y a dans cette région ni missions anglaises ni missions américaines. La Société évangélique de Paris a une mission à Saint-Louis sur le Sénégal. Plus au sud, il y a une mission anglaise wesleyenne à Bathurst sur la rivière Gambie et une église épiscopale indigène. Sur le Rio Pongo se trouvent les deux stations de Domingia et de Fallangia, occupées par l'association de l'Église épiscopale d'Angleterre aux Indes occidentales.

Sur différents points de cette circonscription, l'Église de Rome est représentée par la congrégation française du Saint-Esprit et Sacré-Cœur de Marie, et par les Frères de la doctrine chrétienne. Dans la colonie portugaise, il y a des prêtres portugais.

II. La colonie anglaise de Sierra-Leone jouit non seulement d'une tolérance religieuse complète, mais d'une absence tout aussi complète de toute intervention dans l'éducation missionnaire, ce dont les prêtres français ont lieu d'être reconnaissants. La majeure partie de la population de Freetown est composée de descendants d'esclaves nègres libérés, appartenant à des races très diverses, mais, à l'heure qu'il est, parlant tous l'anglais et élevés dans la civilisation anglaise; dans les contrées avoisinantes se trouvent des tribus païennes et mahométanes, qui parlent les langues de Temné, Bullom et Mendé. L'Eglise anglicane épiscopale est indépendante et s'entretient elle-même, mais la mission de l'Eglise anglicane soutient un collège, des écoles et quelques stations missionnaires disséminées çà et là. La Société missionnaire wesleyenne « Lady Huntingdon's Connection » et l'Eglise libre des méthodistes unis ont aussi des représentants. L'Eglise romaine est représentée par la congrégation du Saint-Esprit et Sacré-Cœur de Marie.

Les missionnaires américains de la Société des « Frères unis » d'Ohio sont à l'œuvre dans les villages au milieu de la population mendé de Sherbro et dans les régions de l'intérieur; au delà de Freetown, une autre mission américaine du Kansas, essaye d'atteindre les habitants du Soudan.

III. Au delà de la frontière de la colonie anglaise de Sierra-Leone et de ses dépendances, se trouve la république de Libéria qui s'étend le long de la côte, du cap Mount, jusqu'au cap Palmas.

Tout ce qui s'y fait est l'œuvre de citoyens des Etats-Unis, et les Eglises suivantes y sont représentées : l'Eglise américaine épiscopale, l'Eglise méthodiste épiscopale, l'Eglise presbytérienne, l'Union baptiste du nord, celle des luthériens évangéliques, et la mission de l'évêque Taylor. L'Eglise de Rome est représentée par la congrégation du Saint-Esprit et Sacré-Cœur de Marie.

Si la civilisation et les opinions religieuses des nations de l'Europe et de l'Amérique du nord devaient exercer une influence prédominante sur les peuples de l'Afrique, inférieurs en civilisation et dépourvus de toute croyance religieuse fixe et intelligente, on aurait pu s'attendre à trouver, après un demi-siècle, quelque preuve évidente de cette bienfaisante influence dans la colonie anglaise de Sierra-Leone et dans la république américaine de Libéria; mais il n'en est pas ainsi. Aucune impression religieuse, morale ou sociale, n'a été produite par les nègres instruits de ces deux Etats sur les hommes de couleur avec lesquels ils sont en rapports, qu'ils appartiennent à la même race africaine ou à une race analogue. Ce fait rend douteuses les prévisions au sujet de l'amélioration des peuples de l'Afrique.

IV. La subdivision suivante est celle de la Côte d'Or, du cap Palmas au cap Saint-Paul. Il s'y trouve une certaine étendue de territoire côtier encore libre et une colonie anglaise, celle de Cape Coast Castle. La Société missionnaire wesleyenne y a une mission parmi les Fanti; celle de Bâle en a une parmi les Ashanti, et la mission de Brème, une parmi les Akra et les habitants du royaume de Dahomey qui parlent l'ewé. L'Église romaine est représentée dans cette région par les missions africaines de Lyon. Il est à remarquer que dans ces trois dernières circonscriptions aucune tentative n'a été faite pour pénétrer bien avant dans l'intérieur, et que l'enseignement des missionnaires y rencontre des obstacles provenant des mauvaises mœurs et des importations commerciales des soi-disant chrétiens.

V. La circonscription suivante, celle de la Côte des Esclaves, s'étend de la frontière de la région susmentionnée aux limites de l'estuaire du Niger, et le Yoruba-land qui en forme une partie va jusqu'au Quarrah, bras du Niger. Elle comprend des colonies françaises, allemandes et anglaises et un territoire indépendant. La « mission de l'Église anglicane » a occupé l'île de Lagos, près de la côte, une colonie anglaise et plusieurs stations importantes dans l'intérieur, notamment Abéokouta. La Société missionnaire wesleyenne a fondé d'autres stations sur la côte et a même pénétré dans l'intérieur jusqu'au Quarrah. L' « Association Baptiste américaine du sud » est représentée à Lagos et à Abéokouta. L'Église romaine l'est par les missions africaines de Lyon dans de nombreuses stations.

VI. Dans la circonscription suivante, le bassin du Niger, nous trouvons un nouvel ordre de choses: le missionnaire peut pénétrer très avant dans l'intérieur et atteindre une population qui n'a pas été comme celles de la côte corrompue par le funeste contact avec le commerce européen. La mission de l'Église anglicane possède une ligne de stations importantes dans le delta du Niger et le long du cours inférieur et supérieur de ce fleuve jusqu'au royaume de Nupé sur le Quarrah. Jusqu'à l'année dernière, elles ont été dirigées uniquement par les missionnaires africains de Sierra-Leone. A une certaine époque la Société missionnaire wesleyenne pénétra à travers le Yoruba-land jusqu'à Egga sur le Quarrah. Dans la contrée avoisinante des Rivières de l'huile, l'Église presbytérienne unie d'Ecosse a une mission sur le vieux Calabar. L'Église romaine est représentée par les missions africaines de Lyon et par la congrégation du Saint-Esprit et Sacré-Cœur de Marie. Toute cette circonscription est maintenant sous le protectorat britannique ; les crimes abominables perpétrés pendant la période païenne, le cannibalisme, les sacrifices humains et le massacre des jumeaux ont pris fin, la vie et la propriété y sont en sécurité, et le passage est libre pour pénétrer jusqu'au cœur même de l'Afrique, passage qui ne le cède en importance qu'à celui du bassin du Congo au sud de l'Équateur.

VII. Nous arrivons ensuite à la subdivision du Cameroun, colonie allemande, d'acquisition récente : l'intérieur est peu connu, mais des expéditions ont été envoyées pour ouvrir la route jusqu'au Bénoué, bras du Niger. L'histoire des missions dans cette circonscription est très triste : après avoir travaillé pendant bien des années au milieu de ces tribus, la Société anglaise baptiste s'est vue expulsée et remplacée par une mission allemande, pour la seule raison que le pays est une colonie allemande : c'est un cas sans précédent et il faut espérer qu'il ne se représentera pas. Dans l'Inde anglaise, peu importe la nationalité ou la dénomination d'une mission, toutes y sont bienvenues. Il est nécessaire de rappeler énergiquement que le fait susmentionné constitue une violation honteuse des usages établis parmi les missionnaires. L'Église baptiste indigène conserve encore son existence indépendante, et déploie une activité vivante ; le fait important c'est qu'elle existe, quoique privée de tout appui européen. Il était entendu qu'aucun missionnaire catholique français ne pourrait s'établir dans la colonie allemande, de la côte occidentale : une mission allemande de l'Église romaine, nommée Pallotin ou la Pieuse Société, occupe maintenant cette région. C'est se méprendre grossièrement sur la raison d'être des missions chrétiennes que de les placer de quelque manière que ce soit, sous l'autorisation ou la dépendance de l'autorité civile ; si les missionnaires se montrent rebelles au gouvernement, qu'ils soient expulsés de la province : mais l'histoire de l'Inde anglaise pendant la dernière moitié de ce siècle montre que les missionnaires chrétiens, soit catholiques soit protestants, n'interviennent pas dans les questions politiques lorsqu'on leur accorde le grand bienfait de la tolérance religieuse.

La Société biblique britannique et étrangère n'a pas d'agence dans cette région occidentale de l'Afrique, mais de nombreuses traductions ont été faites et sont distribuées par l'agence de la Mission protestante. Une littérature indigène considérable a été créée dans les différents idiomes parlés dans le pays, spécialement à Sierra-Leone et à Lagos. La Société de Londres pour l'avancement des sciences chrétiennes et la Société des Traités religieux, qui a également son siège à Londres, ont prêté aide et assistance aux Sociétés missionnaires. Maintenant que nous sommes parvenus à la limite méridionale des pays occupés par les grandes races nègres, il est bon d'exprimer une opinion au sujet de leur avenir. Elles s'assimilent la civilisation européenne et américaine d'une manière beaucoup plus prompte et plus complète que les peuples de l'Inde anglaise. J'écris ceci tout en connaissant et en admirant les deux nations.

La position de l'Africain est plus inquiétante et plus critique, car il n'a pas d'histoire dans le passé et pas de littérature indigène; cependant ses relations avec les Africains libres des États du sud de la République américaine le rendent plus sensible à la domination des blancs, et l'Africain civilisé a au-dessous de lui d'immenses multitudes de compatriotes dans un état d'infériorité et de dégradation au point de vue de la civilisation que l'on ne trouve nulle part aux Indes. Ici, un État indigène indépendant et civilisé est une chose possible et qui existe; en Afrique, parmi les races africaines, la chose est impossible. La république de Libéria a été un insuccès et ne peut être regardée comme indépendante.

VIII. Je passe à la colonie française du Gabon, au sud de l'Équateur, et je me trouve au milieu de la grande race bantoue qui s'étend sur toute l'Afrique au sud de l'équateur, à l'exception des enclaves des Hottentots et des Bushmen. La petite île de Corisco, les côtes du continent et les rives du Gabon et de l'Ogôoué sont occupées par la mission presbytérienne américaine qui est malheureusement entravée par l'usage exclusif de la langue française en matière d'éducation, usage préconisé par le système colonial français. L'Église romaine est représentée dans cette région par la congrégation du Saint-Esprit et Sacré-Cœur de Marie. Les sources de l'Ogôoué ne sont pas loin du bassin du Congo, mais je considère les deux régions comme distinctes.

IX. Le bassin du Congo forme la subdivision suivante, explorée en partie pendant ces quinze dernières années et offrant une route au travers de l'Afrique jusqu'aux limites extrêmes de la région occidentale. L'Union missionnaire baptiste de l'Amérique du nord, la Société baptiste anglaise et la Société baptiste du Congo, y occupent plusieurs stations et sont pourvues de bateaux à vapeur. Il s'y trouve aussi une mission suédoise. L'Alliance missionnaire évangélique d'Amérique a entrepris une œuvre sur le Congo inférieur, et la Mission évangélique de Paris se propose de fonder une station dans la colonie du Congo français. L'Église romaine est représentée par la congrégation du Saint-Esprit et Sacré-Cœur de Marie dans le bassin du Congo inférieur et dans la colonie du Congo français ainsi que sur l'Oubangi. Dans le grand bassin du Congo, de Stanley-Pool aux Stanley-Falls, la mission de Scheut-lez-Bruxelles établit des stations, dont l'une est située à l'Équateur. Toutes ces missions, soit catholiques soit protestantes, sont encore dans l'enfance; par suite du climat meurtrier, les pertes de vies précieuses doivent être considérables; un des principes de l'État du Congo garanti par les grandes puissances est celui de la tolérance universelle, de cette façon aucune surveillance ou entrave en ce qui conc   l'éducation ne pourra être autorisée ; l'Etat du Congo sera auss   ore que l'Inde anglaise.

Passant au sud, j'arrive à la colonie portugaise d'Angola qui s'étend le long de la côte jusqu'à la rivière Cunéné qui est la limite sud de la région occidentale. Pendant la longue occupation portugaise dans cette subdivision rien n'avait été fait au point de vue missionnaire. Les historiens de cette période mentionnent le fait que l'évêque avait l'habitude de baptiser, en leur versant de l'eau sur la tête, tous les esclaves qui montaient à bord des vaisseaux faisant le commerce des esclaves avec l'Amérique ; mais l'esprit missionnaire portugais n'est pas allé au delà de ces baptêmes et de quelques inquisitions occasionnelles. Lorsque les renforts de prêtres européens cessèrent d'arriver, ces régions, dans lesquelles des congrégations missionnaires européennes avaient établi un christianisme nominal, retombèrent dans le paganisme. Deux Sociétés américaines sont à l'œuvre dans cette région : « La Société américaine pour les missions étrangères » et la mission de l'évêque Taylor, fondateur des missions indigènes ; un certain nombre de stations ont été fondées. L'Eglise romaine est représentée par le clergé portugais, dans les principaux établissements, et par la Congrégation du Saint-Esprit et Sacré-Cœur de Marie. De nombreuses facilités s'offrent pour l'extension vers l'intérieur de l'Afrique, et il n'y a pas d'obstacles hormis ceux causés par le climat.

Dans la région occidentale, l'Eglise anglicane n'a que deux diocèses, Sierra-Leone, et le bassin du Niger, et l'on parle d'en former un troisième à Lagos. Les autres Eglises protestantes de la Grande-Bretagne travaillent selon des méthodes non épiscopales. L'Eglise de Rome est représentée sous une forme beaucoup plus organisée ; je cite les détails publiés dans les « *Missiones Catholicæ* » 1890.

I. Vicariat de Sénégambie, confié à la Congrégation du Saint-Esprit et Sacré-Cœur de Marie.

II. Vicariat de Sierra-Leone, confié à la Congrégation du Saint-Esprit et Sacré-Cœur de Marie.

III. Préfecture de la Côte d'Or, confiée aux Missions africaines de Lyon.

IV. Préfecture du Dahomey, confiée aux Missions africaines de Lyon.

V. Préfecture de Benin (Lagos), confiée aux Missions africaines de Lyon.

VI. Préfecture du Haut-Niger, confiée aux Missions africaines de Lyon.

VII. Préfecture du Bas-Niger, confiée à la Congrégation du Saint-Esprit et Sacré-Cœur de Marie.

VIII. Préfecture du Cameroun, confiée à la Congrégation des Pallotins d'Allemagne.

IX. Vicariat du Gabon, confié à la Congrégation du Saint-Esprit et Sacré-Cœur de Marie.

X. Vicariat du Congo belge, confié à la Congrégation de Scheut-lez-Bruxelles.

XI. Vicariat du Congo français, confié à la Congrégation du Saint-Esprit et Sacré-Cœur de Marie.

XII. Vicariat du Bas-Congo portugais, confié à la Congrégation du Saint-Esprit et Sacré-Cœur de Marie.

XIII. Diocèse d'Angola, confié aux prêtres portugais.

XIV. Préfecture de Cimbébasie, confiée à la Congrégation du Saint-Esprit et Sacré-Cœur de Marie.

RÉGION OCCIDENTALE

Nᵒˢ. Subdivisions.	Agences.	Stations.	Populations.	Langues.	Remarques
I. Sénégambie.	1. Société évangélique de Paris.	St.-Louis. Sedhiou sur la Casamance.	Nègres-païens. Mahomét.	Wolof. Foulah.	—
id.	2. Anglaise wesleyenne.	Ile de Ste-Marie sur la Gambie. Ile Mac Carthy.	id.	id.	—
id.	3. Église épiscopale anglaise.	Bathurst.	id.	id.	—
id.	4. Église épiscopale anglaise des Indes occidentales.	Domingia. Fallangia sur le Rio Pongo.	id.	Susu.	—
id.	5. Ordre français du Saint-Esprit et Sacré-Cœur de Marie.	St-Louis. Dakar. Gorée.	id.	Wolof. Bambara Serer.	—

Nos. Subdivisions.	Agences.	Stations.	Populations.	Langues.	Remarques.
I. Sénégam-bie.	6. Frères de la doctrine chré-tienne.	Rio Pongo.	Nègres-païens. Mahomét.	Susu. Mandin-gue.	—
id.	7. Prêtres por-tugais.	Rio Grande.	id.		—
II. Sierra-Leone.	1. Mission de l'É-glise angli-cane.	Freetown. Sherbro. Port Lokko.	Nègres-païens.	Temné. Bullom. Mendé.	— —
id.	2. Anglaise wes-leyenne.	Freetown. Sherbro.	id.	id	—
id.	3. Lady Hunt-ingdon's con-nection (an-glaise).	id.	id.	id.	—
id.	4. Eglise libre méthod. unie d'Angleterre.	Freetown.	id.	id.	—
id.	5. Frères unis de l'Ohio (Améri-cains).	Sherbro.	id.	id.	—
id.	6. Miss. améric. du Soudan.	id.	id.		— —
id.	7. Miss. franç. du St-Esprit et Sacré - Cœur de Marie	Freetown.	id.		—
III. Libéria.	1. Américaine épiscopale.	Monrovia. Cap Palmas.	id.	Grebo. Bassa. Krou. Vey.	— — — —
id.	2. Américaine Méthodiste épiscopale.	Monrovia. St-Paul. Bassa. Sinoe.	id.	id.	—
id.	3. Presbytérienne américaine.	Monrovia. Greenville.	id.	id.	—
id.	4. Baptiste amé-ric. (du nord).	Monrovia. Sinoe.	id.	id.	—

Nᵒˢ. Subdivisions.	Agences.	Stations.	Populations.	Langues.	Remarques.
III. Libéria.	5. Luthérienne évang. d'A-mérique.	Muhlenburg. Rivière St-Paul.	Nègres-païens.	Grebo. Bassa. Krou. Vey.	—
id.	6. Baptistes améric. de couleur.	Bendue.	id.	id.	—
id.	7. Mission américaine de l'évêque Taylor.	Sinoe.	id.	Grebo. Krou.	—
id.	8. Miss. franç. du St-Esprit et Sacré-Cœur de Marie	Monrovia.	id.	id.	—
IV. Côte-d'Or.	1. Wesleyenne anglaise.	Cape Coast. Akra. Elmina.	id.	Fanti. Akra.	—
id.	2. Mission bâloise	Christiansborg. Akropong. Salaga.	id.	Ashanti. Akra.	—
id.	3. Mission de Brême.	Kela. Ho.	id.	id. Ewé.	—
id.	4. Missions africaines de Lyon.	Elmina. Dahomey.	id.	id.	—
V. Côte des Esclaves	1. Miss. de l'Égl. anglicane.	Lagos. Abéokouta.	Païens.	Yariba.	—
id.	2. Wesleyenne anglaise.	id. Porto Nuovo Petit Popo.	id.	id. Ewé.	—
id.	3. Baptiste américaine.	Lagos. Abéokouta.	id.	Yariba.	—
id.	4. Missions africaines de Lyon	Lagos. Porto Nuovo. Abéokouta. Whydah.	id.	id.	—
VI. Bassin du Niger.	1. Mission de l'Église anglicane.	Bonny. Brass. Onitsha.	id.	Idzo. Ibo. Igara.	—

Nos. Subdivisions.	Agences.	Stations.	Populations.	Langues.	Remarques.
VI. Bassin du Niger.	1. Mission de l'Eglise anglicane	Lokoja.	Païens.	Igbira. Kansa. Nupé.	—
id.	2. Wesleyenne anglaise.	Egga.	id.	id.	—
id.	3. Presbytérienne d'Ecosse	Vieux Ca- labar. Duke Town.	id.	Efik.	—
id.	4. Méthodistes primitifs anglais.	Opobo.	id.	id.	—
id.	5. Missions afri- caines de Lyon	Onitsha. Lokoja.	id.	Nupé. Ibo. Hansa.	—
VII. Came- roun.	1. Mission bâloise	Bells Town. Victoria.	id.	Dualla.	—
id.	2. Eglise baptiste anglaise.	id.	id.	id.	—
id.	3. Pallotin ou la Pieuse société (mission ro- maine).	id.	id.	id.	—
VIII. Gabon	1. Presbytérienne américaine.	Corisco. Baraka. Rio Benita. Kangwe.	Bantou- païens.	Pongwé. Benga. Kele	—
id.	2. Miss. franç. du St.-Esprit et Sacré - Cœur de Marie.	Libreville. Corisco. Llobe I. Lambaréné.	id.	id.	—
IX. Bassin du Congo.	1. Baptiste amé- ricaine (du nord).	Congo infr. Mukimvika. Palabala. Banza- Manteka. Lukunga. Léopoldville. Bwemba. Bolengi.	id.	Congo. Téké.	

Nᵒ. Subdivisions.	Agences.	Stations.	Populations.	Langues.	Remarques.
IX. Bassin du Congo.	2. Baptiste anglaise.	Tunduwa. St-Salvador. Léopoldville. Ngombe. Kinchassa. Bolobo. Lukoléla.	Bantous-païens.	Congo. Téké.	—
id.	3. Luthérienne suédoise.	Mukim-bungu. Diadia. Kimbouni.	id.	id.	—
id.	4. Baptiste anglaise de Balolo (Congo).	Matadi. Lukunga. Kinchassa. Lulanga. Lulonga. Ikau Budon-danga. Juapa.	id.	id.	—
id.	5. Alliance évangélique amé-ricaine.	Vivi. Banana.	id.	id.	—
id.	6. Mission évangélique de Paris.	Colonie française du Congo.	id.	id.	—
id.	7. Mission américaine de l'évêque Taylor.	Banana. Vivi. Isanghila. Kimpoko.	id.	id.	—
id.	8. Miss. franç. du St-Esprit et Sacré-Cœur de Marie.	Congo infʳ. Landana Malembé. Boma.	id.	id.	—
id.	9. id.	Colonie française du Congo.	id.	id.	—

No. Subdivisions.	Agences.	Stations.	Populations.	Langues.	Remarques.
IX. Bassin	9. Miss. franç. du St-Esprit et Sacré-Cœur de Marie.	Brazzaville. Oubangi.	Bantous-païens.	Congo. Téké.	—
id.	10. Mission belge de Scheut-lèz-Bruxelles.	Colonie belge du Congo.	id.	id.	—
X. Angola.	1. Société américaine des missions étrangères.	Baïlounda. Kamon-dongo. Benguella.	id.	Umbun-du.	—
id.	2. Mission américaine de l'évêque Taylor.	Malange. Loanda. Pungo-Andongo.	id.	Bunda.	—
id.	3. Prêtres portugais.	Loanda. Benguella.	id.	id.	—
id.	4. Miss. franç. du St-Esprit et Sacré-Cœur de Marie.	Mossamédès. Humbe. Huilla.	id.	id.	—

CHAPITRE IV

Région méridionale.

ubdivisions : I. Cimbebasie, Ova-Mpo et Damaraland. — II. Namaqualand. — III. Colonie du Cap de Bonne-Espérance. — IV. Cafrerie. — V. Colonie de Natal et Zoubaland. — VI. Colonie portugaise. — VII. État libre de l'Orange et Transvaal. — VIII. Be-Chuanaland anglais, Ba-Soutoland et Griqualand. — IX. Ma-Tébéléland et Ma-Shonaland.

Ce qui distingue cette région c'est le fait que l'intérieur du pays y est occupé par des stations missionnaires ; tandis que dans les deux régions précédentes, les missionnaires, sauf quelques rares exceptions, ne se sont établis que sur les côtes. Le climat de ces contrées convient aux Européens ; ils y ont fondé de grandes colonies, qui déposséderont probablement par la suite les races indigènes des Bantous, Hottentots et Bushmen. Ici nous avons affaire avec des colons anglais, français, allemands, portugais, hollandais et avec des immigrants des Indes anglaises, de la Chine et de la Malaisie. La religion mahométane n'est pas en période de croissance, et ne l'a jamais été. L'immigration des nègres libres des États-Unis n'existe pas, non plus que celle des Arabes et des Perses d'Asie.

La race bantoue est totalement distincte de la race nègre, et, dans cette région du moins, le commerce des esclaves n'a jamais été bien considérable. L'existence des deux colonies anglaises du Cap et de Natal, des deux républiques hollandaises indépendantes, d'une colonie allemande, et d'une colonie portugaise, sur chaque côte, le cadastre plus ou moins complet de toute cette région, la présence de Compagnies à chartes et d'associations de mineurs européens, y créent de nouvelles difficultés pour les missionnaires, tout en les préservant de tout danger personnel, persécution ou expulsion. En tout cas l'importance des missionnaires, au point de vue matériel, en tant qu'instruments de civilisaion et de développement, y est considérablement diminuée, et il est nécessaire que ceux de cette région se bornent strictement à leurs fonctions spéciales, et, comme c'est le cas dans les Indes anglaises, s'abstiennent entièrement d'intervenir dans les affaires qui sont du domaine de César; car, sous le règne de la loi, ils sont soumis, comme les autres, au châtiment, s'ils n'observent pas la loi. Autrefois, d'après mon expérience personnelle, parmi les centaines de missionnaires protestants et romains à l'œuvre dans les Indes, il n'y en a pas un seul qui ait jamais suscité une difficulté quelconque à un employé de l'Etat; au contraire, ils ont rendu parfois des services signalés et ont été des objets de la protection bienveillante des autorités, de leur admiration sincère et de leur affection; mais, à l'heure qu'il est, nous avons l'impression, et cette impression tend à s'accentuer, que certains missionnaires de l'Inde anglaise, oublient leur noble vocation et leurs devoirs envers le monde païen; ils se sont faits espions des mœurs dans les casernes des soldats anglais, dénonçant des articles de commerce, ou des règlements du fisc qui offensent leurs connaissances bornées et leurs idées étroites sur les affaires de ce monde; le seul résultat de cette intervention maladroite et regrettable, serait l'expulsion des dits missionnaires. Pour ce qui est des missionnaires étrangers sur territoire britannique (et toutes les Indes sont plus ou moins sous l'influence anglaise), si l'on s'enquiert de leur caractère, on saura qu'ils ont fait preuve d'une loyauté inébranlable envers le gouvernement britannique dans les circonstances les plus difficiles; que ni les protestants ni les catholiques romains ne se sont jamais prêtés à des intrigues politiques, qu'ils n'ont jamais désiré favoriser les intérêts de leur patrie aux dépens de la grande puissance qui les reçoit comme ses hôtes et leur accorde des subventions comme à ses propres sujets. Dans les pays de l'Afrique méridionale, il n'en a pas été tout à fait de même; les missionnaires français du Le-Souto se sont mêlés aux affaires politiques des indigènes, et se sont montrés hostiles aux intérêts anglais. L'agent principal de cette mission a reçu la décoration de la Légion d'honneur pour le motif suivant qui paraît étrange dans une sphère d'influence anglaise :

« Il a contribué par ses missions au développement de l'influence française dans l'Afrique australe. Titres exceptionnels. »

Ces faits sont des symptômes d'un danger possible et probable dans cette région; il est indispensable que le missionnaire ne se mêle pas des affaires d'autrui, qu'il n'attaque ni les autorités ni les fonctionnaires publics en paroles ou autrement, qu'il ne se fasse correspondant d'aucun journal, car il oublierait ainsi son vrai caractère de ministre de l'Evangile de paix, et l'exemple de l'apôtre Paul.

La Société anglaise pour la propagation de l'Evangile, dont l'attention se tourne vers les colons anglais aussi bien que vers le monde païen, n'est pas indiquée séparément dans l'énumération des sociétés, car, pour ce qui concerne cette région, cette Société s'identifie avec l'Eglise anglaise épiscopale, qui y est représentée dans sept diocèses et y accomplit une œuvre très considérable.

D'après la dernière édition des *Missiones catholicæ* (Rome, 1890), le nombre des représentants de l'Eglise romaine y va toujours croissant; on y trouve :

I. La préfecture de la Cimbébasie, confiée aux missionnaires français du Saint-Esprit et Sacré-Cœur de Marie.

II. Le vicariat de Natal, confié aux Oblats de Marie.

III. Le vicariat du Cap de Bonne-Espérance avec trois districts, celui de l'est, celui de l'ouest et celui du centre confiés aux Jésuites et aux Franciscains.

IV. La préfecture du fleuve Orange, confiée aux Oblats de Saint-François de Sales.

V. La préfecture de l'Etat libre de l'Orange, confiée aux Oblats de Marie.

VI. La préfecture de la république du Transvaal, confiée aux Oblats de Marie.

VII. La préfecture du Zambèze (au sud du fleuve), confiée aux Jésuites.

I. Cimbébasie, Ova-Mpo, Damaraland. L'Eglise romaine a adopté le premier de ces noms, la mission finnoise le second, et la mission rhénane le troisième. La première de ces deux missions s'étend sur les deux rives du Cunéné, et la partie située sur la rive septentrionale est comprise dans la région occidentale. Il existe des rapports en français et en latin sur cette mission. La seconde mission n'en a qu'en langue finnoise ou Suomi, et les ouvrages d'éducation sont écrits dans ce même idiome, ce qui est un exemple remarquable de l'étroitesse d'esprit des missionnaires. La mission rhénane est bien connue par ses rapports annuels publiés en allemand; la population est païenne, de race bantoue; les langues usitées sont le ndonga et le héréro.

II. Namaqualand. Continuant ma route vers le sud, j'arrive à la subdivision occupée par les Hottentots, connus sous le nom de Nama et parlant cette langue et le hollandais. La mission rhénane y occupe un grand nombre de stations, et la mission anglaise wesleyenne y est aussi représentée. L'Eglise romaine est représentée par des Oblats de François de Sales.

III. Colonie du Cap. Cette importante subdivision est entièrement occupée par les missions. La population est composée d'Anglais, de Hollandais, de Hottentots, de Bushmen et d'un certain nombre d'immigrants malais. C'est une colonie anglaise indépendante. L'Eglise anglaise épiscopale y est représentée par deux évêchés, l'un au Cap, l'autre à Grahamstown, et par un nombre considérable d'Eglises. La Société biblique britannique et étrangère y a de nombreux représentants. La mission rhénane y possède plusieurs stations. La mission de Berlin qui travaille activement dans plusieurs subdivisions, occupe dans celle-ci la station de Stellenbosh. Il est impossible d'indiquer d'une façon détaillée les nombreuses stations de chaque Société. A Gnadenthal est la fameuse station des frères moraves allemands, qui est la plus ancienne du sud de l'Afrique et dont les membres travaillent au milieu des Hottentots. L'Eglise réformée hollandaise pourvoit au bien spirituel des colons hollandais dans cette région et y prend part en même temps à l'œuvre missionnaire. La mission anglaise wesleyenne y est représentée et travaille parmi les colons. Une mission spécialement destinée aux Mahométans est à l'œuvre parmi les immigrants malais. L'Eglise anglaise méthodiste primitive occupe une station avec une petite mission. J'ai entendu mentionner une Société missionnaire coloniale, mais quant à son œuvre, je n'ai rien trouvé de positif. La Société des missions de Londres a une station à Graf Reinet et d'autres ailleurs. Les Pères Cowley d'Angleterre ont des représentants à Capetown. L'Eglise romaine est représentée dans cette subdivision par des Jésuites, des Trappistes, des Franciscains, des Dominicains irlandais et des Maristes.

IV. Me dirigeant vers l'est, j'entre dans le pays des Cafres. L'Eglise libre d'Ecosse y a la prééminence en raison de son Institut industriel de Lovedale, et l'Eglise presbytérienne unie d'Ecosse y accomplit une œuvre importante. La mission anglaise wesleyenne et la mission de Berlin y sont dignement représentées. L'Eglise anglaise épiscopale y occupe le diocèse de Saint-Jean. La Société des missions de Londres, les Moraves d'Allemagne et la Société anglaise des Quakers ont aussi des stations dans cette subdivision. L'Eglise romaine y est représentée par des Jésuites.

V. Remontant vers le nord, j'entre dans la colonie anglaise de Natal, et dans le Zoulouland indépendant. La Société américaine des missions étrangères, de Boston, l'Eglise libre d'Ecosse, l'Eglise anglaise épiscopale, la mission anglaise wesleyenne, la mission de Berlin, celle de l'Eglise de Norwège, de l'Eglise hollandaise réformée, la mission allemande de Hermannsburg, et la mission de l'Eglise suédoise, travaillent toutes à la double tâche de convertir les païens au christianisme, et d'empêcher les soi-disants chrétiens de tomber dans le paganisme.

L'Eglise romaine est représentée par des Trappistes et des Oblats de Marie.

VI. Au nord du Zoulouland se trouve la colonie portugaise. La Société américaine des missions étrangères de Boston y a envoyé une mission, et la mission vaudoise y a fondé plusieurs stations. L'Eglise romaine est représentée par des prêtres portugais.

VII. Quittant la côte je monte sur le plateau de l'Afrique centrale méridionale et j'entre dans la subdivision occupée par l'Etat libre de l'Orange et par le Transvaal. L'Eglise anglaise épiscopale y a deux diocèses. L'Eglise anglaise wesleyenne, la mission de Berlin, la mission allemande de Hermansbourg, et la mission vaudoise, déploient une grande activité parmi les colons et la population indigène. L'Eglise romaine est représentée par des Oblats de Marie.

VIII. Plus avant dans l'intérieur, se trouve la subdivision comprenant le Be-Chuanaland anglais, le Ba-Soutoland et le Griqualand. La Société des missions de Londres a occupé pendant longtemps une position importante dans cette subdivision; l'Eglise anglaise wesleyenne, et la mission de Berlin, y ont fondé un grand nombre de stations. La Société évangélique de Paris a une mission importante parmi les Ba-Souto, et l'Eglise épiscopale anglaise vise à étendre son champ d'activité de la subdivision susmentionnée jusque dans le Le-Souto. L'Eglise romaine est représentée dans ce dernier pays par les Oblats de Marie, qui y ont plusieurs stations.

IX. Je passe dans la vaste région du haut plateau, borné au nord par le Zambèze, et qui est maintenant compris dans la sphère d'influence anglaise. Elle n'a pas encore de nom collectif, mais on peut dire qu'elle se compose du Ma-Tébéléland et du Ma-Shonaland, et renferme d'autres subdivisions territoriales moins bien connues et moins importantes. L'Eglise épiscopale anglaise y occupe un poste avancé, et deux évêchés sont en voie de formation. La Société des missions de Londres, l'Eglise réformée hollandaise, et la mission anglaise wesleyenne, établissent de nouvelles stations pour travailler parmi les colons et la population indigène. L'Eglise romaine est représentée par des Jésuites français, anglais et belges.

Au bout d'un certain nombre d'années, par suite soit de la conversion, soit de l'extinction, de ces tribus païennes, faibles et dispersées, on peut s'attendre à voir cette région passer sous une influence chrétienne, chrétienne de nom si ce n'est de fait. L'influence mahométane ne s'y est jamais fait sentir, et aucune croyance païenne ne s'y est élevée jusqu'à la hauteur d'une religion écrite. Elle n'a pas dans son passé l'histoire d'une civilisation disparue ou d'un commerce éteint, ou d'une monarchie civilisée; rien ne lui fut apporté à travers l'océan par voie d'immigration jusqu'au jour où les Portugais ayant découvert la route des Indes, les Hollandais y fondèrent, fortuitement, un établissement, et les Portugais une colonie. Il n'y eut jamais pareil champ de travail pour le missionnaire chrétien, et il a peu à redouter soit sous le rapport du climat soit sous celui de la population; aucune prétention à l'héroïsme ne peut être mise en avant par les missionnaires de cette région, si ce n'est par le morave George Schmidt, et ses antagonistes n'étaient pas des païens bantous ou hottentots, mais des chrétiens hollandais.

III. RÉGION MÉRIDIONALE

Nᵒ. Subdivisions.	Agences.	Stations.	Populations.	Langues.	Remarques.
I. Cimbéba-sie-Ova-Mpo, Damaraland.	1. Miss. franç. du St-Esprit et Sacré-Cœur de Marie.	Ukuan-yama.	Bantous-païens.	Ndonga Héréro.	—
id.	2. Mission Fin-noise.	O Ndonga	id.	id.	—
id.	3. Mission rhé-nane.	Elim. Rehoboth. Barmen.	id.	id.	—
II. Nama-qualand.	1. Mission rhé-nane.	Béthanie. Bessaba.	id.	Nama. Hollandais	—
id.	2. Mission angl. wesleyenne.	Bethel. Lilifontein.	id.	id.	—
id.	3. Oblats de François de Sales.	Pella.	id.	id.	—
III. Colonie du Cap de Bonne Espér.	1. Église épisco-pale anglaise.	Capetown. Graham-stown.	Colons.	Anglais.	—
id.	2. Société bibli-que britanni-que et étran-gère.	id.	id.	id.	—
id.	3. Mission rhé-nane.	Ebenezer.	Païens.	Nama. Hollandais.	—

N°, Subdivisions.	Agences.	Stations.	Populations.	Langues.	Remarques.
V. Colonie du Cap.	4. Miss. de Berlin.	Stellenbosh.	Païens.	Nama, Hollandais.	—
id.	5. Mission Morave allemande.	Gnadenthal.	id.	id.	—
id.	6. Église réformée hollandaise.	Capetown.	Colons.	Hollandais.	—
id.	7. Mission angl. wesleyenne.	Stellenbosh	id.	Anglais.	—
id.	8. Mission pour les Mahomét.	Capetown.	Malais. Mahométans	Malais.	—
id.	9. Église anglaise méthodiste primitive.	Aliwal. North.	Bantous-païens.	—	—
id.	10. Mission coloniale.	Capetown.	id.	—	—
id.	11. Société des miss. de Londres.	Graf Reinet	id.	Chuana,	—
id.	12. PP. Cowley d'Angleterre.	Capetown.	Colons et Hottentots.	—	—
id.	13. Jésuites.	id.	id.	—	—
id.	14. Trappistes.	Port Elisabeth.		—	—
id.	15. Oblats de François de Sales.	Fleuve Orange.	id.	—	—
id.	16. Dominicains Irlandais.	Capetown.	id.	—	—
id.	17. Frères maristes français.	Capetown.	Colons.	—	—
IV. Cafrerie.	1. Église libre d'Écosse.	Lovedale.	Bantous-païens.	Xosa,	—
id.	2. Église presbytérienne unie d'Écosse.	Glenthorn.	id.	id.	—
id.	3. Mission anglaise wesleyenne.	Queenstown	id.	id.	—

Nᵒ, Subdivisions.	Agences.	Stations.	Populations.	Langues.	Remarques.
IV. Cafrerie.	4. Mission de Berlin.	Bethel.	Bantous-païens.	Xosa.	—
id.	5. Eglise angl. épiscopale.	Diocèse de St-Jean.	Colons et Bantous-païens.	id.	—
id.	6. Société des missions de Londres.	King William's Town.	Bantous païens.	id. id.	— —
id.	7. Miss. morave allemande.	Baziya.	id.	id.	—
id.	8. Société anglaise des Quakers.	Rock Fountain.	id.	id.	—
id.	9. Jésuites.	Grahams-town.	Colons.	—	—
V. Colonie de Natal et Zululand.	1. Société américaine des missions étrangères-Boston.	Amazimtobe	Bantous-païens.	Zoulou.	—
id.	2. Eglise libre d'Ecosse.	Maritzburg. Gordon.	id.	id.	—
id.	3. Eglise angl. épiscopale.	Maritzburg. St-Augustin.	Colons.	id.	—
id.	4. Mission angl. wesleyenne.	Indaléni.	Bantous-païens.	id.	—
id.	5. Miss. de Berlin.	Emmaus.	id.	id.	—
id.	6. Mission coloniale.	Ladysmith.	id.	id.	—
id.	7. Eglise norwégienne.	Umpumulo. Enteméni. Empangeni.	id.	Zoulou.	—
id.	8. Eglise réformée hollandaise.	d'Urban.	Colons.	—	—
id.	9. Mission allemande de Hermansburgh	Hermans-burg.	Bantous-païens.	id.	—
id.	10. Eglise suédoise.	Oscarburg.	id.	—	—

N°, Subdivisions.		Agences.	Stations.	Populations.	Langues.	Remarques.
V. Colonie de Natal.	11.	Trappistes.	Marian Hill.	Bantous-païens.	Zoulou.	—
id.	12.	Oblats de Marie	Maritzburg.	id.	id.	—
VI. Colonie portugaise du sud-est de l'Afrique.	1.	Société américaine des missions étrangères, Boston.	Kambini.	id.	Zoulou. Sheitswa	— —
id.	2.	Mission vaudoise.	Antioka. Rikatla.	id.	Gwamba.	—
id.	3.	Prêtres portugais.	Lorenzo-Marquez.	Colons.	Portugais.	—
VII. Etat libre de l'Orange; Transvaal.	1.	Eglise angl. épiscopale.	Bloemfontein. Prétoria.	Colons.	Anglais.	—
id.	2.	Mission anglaise wesleyenne.	Prétoria. Zoutspansberg. Potchefstrom.	Bantous-païens.	Chuana.	—
id.	3.	Mission de Berlin.	Béthanie. Bloemfontein. Prétoria.	id.	id.	—
id.	4.	Eglise réformée holland.	Zoutspansberg.	id.	id.	—
id.	5.	Mission vaudoise.	Valdézia. Elim.	id.	Gwamba.	—
id.	6.	Mis. allemande de Hermansburg.	Good Hope. Béthel.	id.	Chuana.	—
id.	7.	Oblats de Marie.	Prétoria.	Colons.	id.	—
VIII. Be-Chuanaland, Ba-Soutoland et Griqualand angl.	1.	Société des missions de Londres.	Barkly. Kuruman. Shoshong. King William's Town.	Bantous-païens.	id.	—

N°. Subdivisions.	Agences.	Stations.	Populations.	Langues.	Remarques.
VIII. Be-Chu-analand. Ba-Soutoland et Griqualand angl.	2. Mis. allemande de Hermansburg.	Ramahane. Linokana. Limao.	Bantous-païens.	Chuana.	—
id.	3. Mission angl. wesleyenne.	Vryburg.	id.	id.	—
id.	4. Société évangélique de Paris.	Morija. Thaba-Bossiu.	Bantous-païens.	Souto.	—
id.	5. Eglise angl. épiscopale.	Thlotsee. Mafeking. Kimberley.	id.	id.	—
id.	6. Mission de Berlin.	Kimberley.	id.	Chuana.	—
id.	7. Oblats de Marie.	Tsikuane. Roma.	id.	Se Souto.	—
IX. Ma-Tébéléland et Ma-Shonaland.	1. Eglise angl. épiscopale.	Fort-Salisbury. Inyati.	Colons.	Anglais.	—
id.	2. Mission de Londres.	Hope-Fontain.	Bantous-païens.	Chuana.	—
id.	3. Eglise réformée hollandaise.	Ba Nyaï-land.	id.	id.	—
id.	4. Mission anglaise wesleyenne.	Ma-Shona-land.	id.	id	—
id.	5. Jésuites.	Tete. Pandamatenga.	id.	id.	—

CHAPITRE V

Région orientale.

Subdivisions : I. Rive nord du Zambèze. Nyasaland et colonie portugaise. — II. Ile de Zanzibar et sphère continentale d'influence allemande. — III. Lac Tanganyika, Katanga et sources du Congo. — IV. Sphère continentale d'influence anglaise, au milieu d'une population bantoue. — V. Pays des Gallas et Abyssinie. — VI. Bassin du Nil supérieur.

Je traverse le Zambèze et m'avance vers le nord ; cette région diffère des trois autres ; celle du nord est occupée par des royaumes indépendants ou par des colonies ; celle du sud a été partiellement explorée et, située en dehors des tropiques, elle est habitée, sur bien des points, par des colons européens ; celle de l'ouest est très peu connue au d 7 des côtes, avec cette exception que durant ces dix dernières années les bassins du Sénégal, du Niger et du Congo ont servi de route, mais simplement de route, pour s'avancer dans l'intérieur. Dans cette quatrième région nous trouvons trois grands lacs intérieurs ; elle a été traversée dans toutes les directions par de grands explorateurs, mais, comme elle est située entre le tropique du Capricorne et celui du Cancer, il n'est pas probable qu'elle puisse offrir des emplacements favorables à la colonisation européenne ; le grand but qu'il faut y poursuivre c'est de protéger dès maintenant, contre les trafiquants d'esclaves et, par la suite, contre les planteurs européens, les populations indigènes qui, au sud de l'équateur, appartiennent à une seule race, la race bantoue, tout à fait distincte de la race nègre ; il faut les encourager à entreprendre un travail honnête et à se multiplier pour former des milliers de hameaux et des centaines de villes manufacturières et de lieux de marché. Il est vrai que, près de l'équateur, nous trouvons des montagnes élevées et dont le sommet est couvert de neige, et au nord de l'équateur une région montagneuse, mais il reste encore à savoir, si elle serait propice à l'établissement d'une colonie européenne. Au sud de l'équateur toute la région est comprise dans les sphères d'influence du Portugal, de l'Angleterre et de l'Allemagne, à l'exception d'un territoire qui fait partie de l'État indépendant du Congo à l'est du 20° de long. Est. Au nord de l'équateur se trouvent des tribus indépendantes dont le degré de civilisation est fort peu avancé, et plus au nord encore le royaume d'Abyssinie, soi-disant chrétien. La population de la cinquième subdivision appartient aux races chamite et sémitique, mais dans le bassin du Haut-Nil, la population est de race nègre sans mélange. Les Sémites descendent évidemment d'immigrants venus d'Asie ; ils ont apporté avec eux la religion de Mahomet, et une petite dose de civilisation asiatique ainsi que de commerce ; ce dernier est presque entièrement entre les mains des sujets indiens de S. M. l'impératrice des Indes. Quoique le Portugal soit depuis longtemps maître de la côte, il n'a exercé aucune influence à l'intérieur ; dans le fait on peut dire que cette région a été découverte pendant ces trente dernières années par les explorateurs anglais et allemands. Si l'on excepte l'Abyssinie, on ne trouve nulle part de trace d'activité missionnaire de la part de l'Eglise romaine avant le commencement du siècle ; aucune mission ne remonte à plus de cinquante ans en arrière, mais l'activité déployée actuellement est très grande et l'on peut en attendre de grands résultats. Le nombre de vies de missionnaires sacrifiées jusqu'ici est déjà énorme. Nous trouvons dans cette partie du champ des missions des représentants de l'Angleterre, de la France et de l'Allemagne en quantité toujours plus considérable ; les œuvres d'éducation ont été sérieuses ; de nombreuses traductions des Ecritures ont été faites dans les diverses langues qui, au sud de l'équateur, appartiennent à la même famille. Dans cette région le missionnaire apparait à son avantage ; le commerce des esclaves est en bonne voie d'être anéanti, le trafic des liqueurs n'a pas encore commencé et une tentative est faite pour l'empêcher de s'introduire ; au point de vue politique, il n'y a pas d'éléments de trouble, comme il s'en est trouvé dans la seconde région de la part du roi des Ashanti et dans la troisième région de la part du roi des Zoulous. Le missionnaire a là un champ d'activité aussi favorable qu'il peut le souhaiter, car il y règne une tolérance entière et universelle.

Les diocèses ecclésiastiques de l'Eglise épiscopale anglaise qui existent dans cette région ne sont pas des circonscriptions territoriales mais se rapportent à la mission particulière à laquelle l'évêque appartient.

L'Eglise romaine est représentée de la manière suivante :

I. Préfecture du Zambèze confiée aux Jésuites.

II Pro-vicariat du lac Nyasa, confié aux missionnaires français de Notre-Dame d'Afrique.

III. Préfecture du Zanguebar méridional, confiée aux Bénédictins allemands.

IV. Vicariat de Zanzibar, confié aux religieux français du Saint-Esprit et Sacré-Cœur de Marie.

V. Vicariat de l'Ou-Nya-Nwembé, confié aux missionnaires français de Notre-Dame d'Afrique.

VI. Vicariat du Tanganyika, confié aux missionnaires français de Notre-Dame d'Afrique.

VII. Vicariat du Haut-Congo, confié aux missionnaires français de Notre-Dame d'Afrique.

VIII. Vicariat du Victoria-Nyanza, confié aux missionnaires français de Notre-Dame d'Afrique.

IX. Vicariat du Pays des Gallas, confié aux Capucins et aux Franciscains.

X. Vicariat de l'Abyssinie, confié aux Capucins et aux Lazaristes.

XI. Vicariat du Soudan égyptien, confié à l'Institut de Vérone.

L'on voit par conséquent que tout, hormis le climat, est favorable à l'œuvre des missionnaires, et qu'ils seront en bénédiction à tous égards, puisqu'il n'y a pas là de religion d'État contre laquelle il y ait à lutter, et que les fonctionnaires des États européens intéressés, et les directeurs des grandes Compagnies à charte sont, et ont toujours été des hommes animés d'une bienveillance éclairée, qui, sans se mêler indûment d'aucune forme particulière de propagande, reconnaissent la valeur, l'importance, et la puissance du grand mouvement religieux qui envoie des philanthropes fonder des hôpitaux, des écoles et des chapelles pour le bien spirituel et matériel d'une population docile et jusqu'ici très malheureuse. La réserve personnelle et une abstention complète de toute usurpation de pouvoir civil, ainsi que l'obéissance aux lois civiles sont nécessaires ici, cela va sans dire, aussi bien du côté du missionnaire que de ses convertis : il ne faut pas non plus avancer la prétention absurde, que, parce qu'un indigène d'Afrique a été converti par un missionnaire français ou anglais, son état civil en soit le moins du monde affecté ; l'état civil de l'Africain chrétien est exactement le même que celui où il se trouvait avant sa conversion. Dans l'Inde anglaise, une prétention de ce genre, de la part d'un missionnaire quelconque, serait accueillie par les éclats de rire de tout fonctionnaire anglais, et sur le sol de l'Afrique les dérogations à cette règle n'amènent aucun bien. Le royaume du missionnaire n'est pas de ce monde et il n'a pas de serviteurs pour combattre.

I. Rive septentrionale du Zambèze, Nyasaland, et colonie portugaise.

La mission qui se trouve en tête de la liste est remarquable par la foi intrépide de ses fondateurs et, à mon avis, par son manque de sagesse mondaine. La Société des missions évangéliques de Paris a une mission très importante au Le-Souto, subdivision de l'Afrique méridionale. Deux hommes courageux partis de cette station, ont traversé le désert et le Zambèze, atteint un point situé en amont des chutes Victoria et fondé une mission à Séshéké parmi les Ba-Rotsé. Ils s'y sont maintenus et ce fait parle en leur faveur, mais ils sont sans appui et sans communication avec la mer, ce qui semble être une nécessité aussi bien pour les opérations missionnaires que pour les opérations militaires. Peu à peu la marée des annexions européennes s'étendra jusqu'à eux et leur position s'améliorera ; la population est entièrement païenne et parle une langue qui se rapproche du souto. Jusqu'ici le roi du pays a été indépendant, mais il ne le sera plus bien longtemps, car quelque sphère d'influence européenne l'engloutira bientôt, que cela lui plaise ou non.

L'Église anglaise méthodiste primitive qui ne possède que des ressources très limitées, tant en hommes qu'en argent, a envoyé une mission en éclaireur dans la région susmentionnée. Aucun emplacement n'a encore été désigné comme quartier-général, mais, d'après les dernières nouvelles parvenues en Europe, cette mission s'est établie parmi les Ma-Choukoulombé, sujets du roi des Ba-Rotsé.

Descendant le Zambèze jusqu'à son confluent avec le Shiré, je passe au delà de cet affluent dans une région rendue célèbre par le souvenir de deux grands héros, Livingstone et l'évêque Mackensie, qui tous deux ont trouvé la mort dans ces contrées. Le quartier-général de la mission de l'Église établie d'Ecosse se trouve à Blantyre, sur le petit lac Shiroua. Les rapports annuels nous tiennent au courant de l'œuvre qui s'accomplit parmi les tribus païennes des Yao et Ma-Nganga. L'on publie des traductions des Ecritures, et des livres d'éducation ; cette mission promet beaucoup.

L'Église libre d'Ecosse occupe les rives occidentales du lac Nyasa, de Livingstonia au sud, jusqu'à la route Stevenson et à la limite de la sphère d'influence allemande à l'angle nord-ouest. Bandaoué est la station principale avec une ligne de stations secondaires. Une Compagnie commerciale qui refuse d'importer des liqueurs enivrantes a un vapeur sur les eaux du lac. A l'ouest s'ouvre un champ d'évangélisation d'une étendue illimitée. Le travail des missionnaires a révélé une grande variété de langues, et des ouvrages d'éducation ainsi que des traductions des Ecritures sont en voie de publication. L'Église réformée hollandaise travaille de concert avec cette mission. Sur la rive opposée du lac se trouve la branche méridionale de la mission anglaise des Universités dans l'Afrique orientale ; le quartier-général est dans l'île de Likoma, mais il y a des stations sur terre ferme dans la sphère d'influence portugaise, la mission possède un vapeur. La population est composée de païens de race bantoue et la langue principale est le yao.

La sphère d'influence allemande s'étend jusqu'à la rive septentrionale du lac Nyasa et la célèbre communauté des frères de l'Unité ou mission morave n'a point perdu de temps pour envoyer une mission parmi les Aouakoukoué, tribu du district de Kondé : je n'ai pas encore reçu la nouvelle de leur arrivée ni du choix d'un emplacement.

La Société missionnaire allemande qui a son centre à Berlin n'a pas tardé non plus à envoyer une mission dans la tribu voisine, celle des Awakinga ; je n'ai reçu encore aucune nouvelle de leur arrivée ni du choix d'un emplacement.

L'Eglise romaine est représentée dans cette subdivision par des Jésuites déjà signalés dans la région méridionale, répandus dans le Zambèze inférieur, et dans la colonie portugaise, où se trouvent aussi des prêtres portugais. Il y a une station des missionnaires français de Notre-Dame d'Afrique à Mponda, sur le Shiré, sur la rive méridionale du lac Nyasa.

II. Ile de Zanzibar et sphère continentale d'influence allemande.

Sans être représentée par un agent dans cette subdivision, la Société biblique britannique et étrangère y a accompli une œuvre considérable par la publication de nombreuses traductions des Ecritures.

Par suite de l'immigration qui a eu lieu pendant bien des siècles d'Arabes et de Persans du continent asiatique et de l'existence d'un grand nombre d'individus de demi-sang, la religion mahométane est puissamment représentée dans cette subdivision, et elle s'est fait maudire à un point effrayant par le commerce des esclaves, mais comme ce pays, pour ce qui concerne le continent, a passé depuis peu dans la sphère d'influence allemande, et en ce qui concerne les îles de Zanzibar et de Pemba dans celle de la Grande-Bretagne, l'islamisme, aussi bien que l'esclavage, disparaîtra sans doute peu à peu. La célèbre mission anglaise des Universités a son quartier-général à Zanzibar où elle est à l'œuvre depuis trente ans. Sa branche méridionale a déjà été signalée à propos de la subdivision précédente. Depuis que les Allemands ont élevé des prétentions sur l'Afrique orientale, une mission allemande spécialement destinée à l'Afrique, s'est formée à Berlin, elle est déjà à l'œuvre mais ne s'aventure pas loin des côtes. Depuis bien des années la

Société des missions de l'église anglicane a des stations très avant dans l'intérieur; la plus septentrionale se trouve dans la sphère d'influence allemande, sur la rive méridionale du Victoria-Nyanza. La Société des missions de Londres a aussi ses représentants dans la partie occidentale de cette subdivision. L'Église romaine est représentée par une mission de l'ordre du St-Esprit et Sacré-Cœur de Marie qui a longtemps occupé Bagamoyo sur le continent, vis-à-vis de l'île de Zanzibar. C'est une mission française, mais le gouvernement allemand semble regarder de mauvais œil même des missionnaires français, et de même qu'au Cameroun, sur la côte occidentale, il a aussi établi ici une mission catholique allemande et une nouvelle préfecture apostolique du Zanguebar méridional est confiée aux Bénédictins de Bavière, avec Pongou comme quartier-général. Il est extrêmement regrettable que les fonctions et les devoirs des missionnaires soient envisagés à un point de vue aussi mesquin. Dans l'Inde anglaise l'on n'a jamais jugé nécessaire de poser des questions au sujet de la nationalité d'un missionnaire. Plus avant dans l'intérieur, la mission française de Notre Dame d'Afrique s'est établie à Tabora dans l'Ou-Nya-Nwembé. Reste à savoir si les autorités allemandes leur permettront d'y rester, surtout s'ils sont accompagnés des frères armés du Sahara comme dans la région du Nord.

III. Je m'avance maintenant vers l'ouest à la limite extrême de la sphère d'influence allemande dans le bassin du lac Tanganyika ; dans cette subdivision, je comprends les contrées plus occidentales encore et peu connues de Katanga et de Garenganzé et, les sources du Congo, sur le territoire de l'Etat du Congo, mais situées à l'Est du 20° de long. Est. Depuis de longues années la Société des missions de Londres a dans cette subdivision, des stations et un vapeur. En venant par la mer, du côté sud, l'accès de ce lac est plus facile : un court voyage par terre vous conduit au point le plus méridional le long de la route Stevenson jusqu'à Karonga sur le lac Nyasa, d'où l'on se rend par eau, en empruntant le cours du Shiré et celui du Zambèze, jusqu'à l'océan Indien. Depuis bien des années déjà l'Eglise romaine y est représentée par la mission de Notre-Dame d'Afrique et deux évêques sont morts à leur poste. J'ai trouvé heureusement des détails récents et authentiques sur cette mission dans les « *Missions catholiques illustrées*, » revue mensuelle anglaise publiée à Londres sous les auspices de l'évêque de Salford : « Les stations missionnaires sont construites comme des forts ; elles sont très solidement bâties et percées de meurtrières. A Karéma, le colonel Joubert, soldat dans l'armée papale, s'est chargé de la défense armée. »

Il vit seul au milieu de ses troupes indigènes et ses attributions sont de défendre les stations missionnaires contre les dangers qui pourraient les menacer. Le plan d'opérations des missionnaires français consiste à acheter aux Arabes, aux chefs, aux parents, des centaines de petits garçons et de petites filles âgés de trois à cinq ans environ. Chaque enfant apprend à travailler et est élevé strictement comme un catholique romain. » (Juillet 1891, p. 41.) Karéma paraît être situé dans la sphère d'influence de l'Allemagne, et l'on peut se demander combien de temps les autorités allemandes toléreront ces hommes armés et ces places fortes occupées par des Français. Dans l'Inde anglaise, s'il était prouvé qu'un missionnaire, à quelque nation qu'il appartînt, eût systématiquement acheté des enfants, non dans l'intention de sauver leur vie en temps de famine, mais avec le but avoué de former une congrégation chrétienne, ce missionnaire, disons-nous, se verrait mettre promptement en prison, sans que son caractère ecclésiastique lui fût d'aucune utilité. Si des enfants chrétiens, en Abyssinie, en Syrie ou en Arménie, étaient achetés de propos délibéré par des mahométans, dans une intention analogue, et circoncis, nous pouvons nous représenter comment cette nouvelle serait accueillie en Europe. Il y a quelques années sur ce même lac Tanganyika, deux missionnaires français furent tués par les hommes d'une tribu, auxquels un marchand d'esclaves avait enlevé leurs enfants pour les vendre aux missionnaires. Je suis forcé de m'exprimer très nettement sur ce sujet. Il est à peine besoin de dire que si quelque garçon ou quelque fille acheté par les missionnaires de l'Ou-Ganda réclamait sa liberté, le représentant de l'Angleterre la lui accorderait aussitôt.

Les débuts de la mission Arnot dans le Katanga ou Garenganzé sont obscurs ; on vient de recevoir la nouvelle de deux nouveaux missionnaires anglais, qui ont atteint la station en novembre dernier, et y ont trouvé deux autres missionnaires qui étaient encore en place. L'arrivée à Katanga d'un émissaire de la Compagnie anglo-belge, récemment constituée, a jeté du jour sur ce coin sombre de l'Afrique.

À l'ouest du Tanganyika se trouve le vicariat du Haut-Congo, que les *Missiones Catholicæ* désignent sous le nom de « Congo Superior. » Les missionnaires appartiennent à la mission française de Notre-Dame d'Afrique. Tout y restera à l'état rudimentaire jusqu'à ce qu'on ait établi un service de vapeurs, de Nyangoué à Stanley-Pool, et construit un chemin de fer de là à l'océan Atlantique.

IV. La quatrième subdivision embrasse la sphère continentale d'in-

fluence anglaise sur l'équateur, aussi loin que s'étendent les tribus
bantoues. Une ligne de démarcation est tirée entre les tribus Gallas, de
race chamite, qui sont comprises dans la subdivision suivante ainsi que
leurs congénères les Somalis, et les habitants de l'Abyssinie. La Société
des Missions de l'Eglise anglicane est établie à Mombas depuis bientôt
cinquante ans, et possède une ligne de stations, qui s'étend jusqu'à la
limite de la sphère d'influence allemande ; une station est située dans
cette sphère même, à Chagga. Les autres stations comprises dans la
sphère allemande ont déjà été mentionnées à propos de la subdivision II;
mais cette quatrième subdivision s'étend autour de la rive septentrionale
du Victoria-Nyanza, au nord de l'équateur, et cette Société a une mission de la plus haute importance à Roubaga, capitale de l'Ou-Ganda.
De temps en temps, des propositions sont faites, un peu à la légère, de
placer et d'entretenir un vapeur sur le Victoria-Nyanza, à une altitude
de 3800 pieds au-dessus du niveau de la mer, et de porter des matériaux
à des centaines de milles du port de Zanzibar, sans autre moyen de
transport que des porteurs. Il est évident que nous nous trouvons ici
en présence d'un problème de la plus grande importance, et comme
la durée d'un vapeur en Afrique ne dépasse guère cinq ans, et que
la possibilité, pour l'ingénieur européen, de vivre sous l'équateur
n'est que de trois ans en moyenne, l'envoi de vapeurs et d'ingénieurs
devra être répété *toties quoties*. L'évangélisation du monde ne dépend
pas des inventions humaines. Pour se rendre en Angleterre, Augustin fit
la traversée dans une barque du pays ; Patrick et Colomban allèrent en
Irlande et en revinrent dans un bateau de pêcheurs du pays de Galles.
St-Pierre n'avait point de vapeurs à sa disposition. Tous les secours
de l'art et de la science viendront en temps voulu si nous avons la
patience d'attendre. L'Eglise anglaise libre méthodiste (unie) a quelques
stations d'une certaine importance dans le voisinage de Mombas. Deux
missions allemandes se sont établies tout récemment dans le pays ; l'une
celle de Neukirchen, dans la Prusse rhénane, est à l'œuvre parmi les
tribus bantoues des Wa-Pokomo ; l'autre, celle des Eglises protestantes
de Bavière, travaille parmi les tribus bantoues des Wa-Kamba. Je vois
mentionné une mission suédoise sur les bords de la rivière Tana, mais
je n'ai pas de données positives sur cet établissement. La mission française du St-Esprit et Sacré-Cœur de Marie, dont le quartier-général
est à Bagamoyo, a fait dernièrement des reconnaissances dans la partie
orientale de cette subdivision et va y établir, si elle ne l'a déjà fait, des
stations ; elle est la très bien venue dans la sphère d'influence anglaise,

où règne une tolérance universelle comme partout où flotte le pavillon britannique.

Dans la partie occidentale de cette subdivision, c'est-à-dire dans l'Ou-Ganda, la mission française de Notre-Dame d'Afrique a, depuis bien des années, une importante station, qui, de même que la mission protestante établie dans ce royaume, a traversé il y a quelque temps une période de grandes difficultés, mais maintenant un champ de travail paisible s'ouvre pour tous, pour peu que les missionnaires soient des hommes de bon sens et décidés à ne pas se chercher querelle les uns aux autres. Le spectacle de missionnaires français et anglais vivant en mauvaise intelligence les uns avec les autres au cœur de l'Afrique, ne peut manquer d'éveiller dans l'esprit des indigènes un doute sur la réalité de leurs principes chrétiens. Je suis heureux de constater que dans les moments d'infortune ces deux corps de chrétiens ont fait cause commune contre les païens et les mahométans.

V. M'avançant vers le nord, j'atteins la subdivision du pays des Gallas et de l'Abyssinie dont la limite la plus septentrionale touche la subdivision de Souakim dans la région du nord, et ainsi le tour de l'Afrique est terminé. Comme nous l'avons déjà dit, le pays des Gallas n'est séparé des territoires bantous compris dans la sphère d'influence anglaise que par une ligne de démarcation indéterminée, mais quelques tribus du sud sont établies dans les limites de cette sphère.

L'Église anglaise libre méthodiste (unie) a une mission parmi les Gallas du sud ou Bararetta. Les Gallas sont en majeure partie païens, quoique quelques-uns d'entre eux aient passé à l'islamisme. Depuis bien des années, l'Église de Rome est représentée chez les Gallas du nord par des Capucins et des Franciscains et nombreux sont ceux qui y ont laissé leur vie. Dans le nord de l'Abyssinie, sur les anciennes frontières de l'Égypte se trouve une mission suédoise, établie à M'Kullo. En Abyssinie nous arrivons au milieu de chrétiens du caractère le plus dégradé et de Juifs qui ne sont ni des Hébreux ni même de race sémitique, mais des prosélytes de race chamite parlant une langue chamite. La « Société de Londres » a travaillé parmi ces Juifs jusqu'au moment où les missionnaires européens furent expulsés, mais l'œuvre a été continuée par les indigènes. La Société biblique britannique et étrangère y travaille activement au moyen de ses traductions des Écritures mais elle n'y a pas de dépôt. L'Église romaine a été représentée depuis une série d'années par les congrégations des Lazaristes et des Capucins. Des missions protestantes, qui y existaient il y a un demi-siècle, ont dû se retirer et chercher un champ d'action plus favorable.

VI. Il reste encore une subdivision, celle du bassin du Haut-Nil; ici nous avons eu pendant quelques années une mission de l'Institut de Vérone, avec une longue ligne de stations jusqu'à Gondokoro et dans la direction de l'ouest jusqu'à El-Obeïd. Durant les troubles qui ont eu lieu en Egypte avant l'occupation anglaise, cette mission fut détruite par les musulmans, et quelques missionnaires, des deux sexes, sont encore retenus prisonniers; il est vivement à désirer que quelque grand effort soit fait pour délivrer les survivants. Le temps s'approche rapidement où, de la mer Rouge par le port de Souakim, ou de l'Abyssinie par Kassala, ou de la sphère anglaise de l'Afrique orientale équatoriale en descendant le fleuve, ces contrées redeviendront accessibles ; si ces pauvres missionnaires avaient été délivrés nous pourrions attendre. Le moment ne peut être éloigné où, du port de Kismayou sur l'océan Indien dans la sphère d'influence anglaise, on pourra ouvrir une route directe jusqu'à Lado et Gondokoro sur le Haut-Nil, et établir des stations missionnaires avec une solide base d'opérations sur l'océan dans la sphère d'influence anglaise dans l'ancienne province d'Emin-Pacha, indépendante de la Turquie, de l'Egypte et des Arabes du Soudan, au milieu de paisibles tribus nègres. Si les officieux d'Europe avaient bien voulu laisser Emin-Pacha où il était, l'occasion se serait présentée plus tôt.

Ceci termine l'histoire de cette région et le tour de l'Afrique.

V. RÉGION ORIENTALE

Nos. Subdivisions.	Agences.	Stations.	Populations.	Langues.	Remarques.
I. Rives nord du Zam-bèze, Nyasaland et Colonie portugaise.	1. Société des missions évan-géliques de Pa-ris.	Seshéké.	Bantous-païens.	Souto.	—
id.	2. Méthodistes primitifs anglais.	Wa-Shuku-loumbé.	id.	—	Empla-cement non encore déterminé.
id.	3. Église établie d'Ecosse.	Blantyre.	id	Yao. Nyanja.	—
id.	4. Église libre d'Ecosse.	Livingsto-nia. Bandaoué.	id.	Nyanja. Tonga. Wanda. Konde.	—

N°. Subdivisions.	Agences	Stations.	Populations.	Langues.	Remarques.
I. Nyasaland.	5. Eglise réfor- mée hollandaise.	Bandaoué.	Bantous- païens.	Wanda. Konde	—
id.	6. Mission an- glaise des Universités.	Ile de Likoma. Chietsi. Mataka.	id.	Yao.	—
id.	7. Mission mo- rave allemande.	Awakoukoué.	id.	—	Empla- cement encore indéterminé.
id.	8. Mission de Ber- lin.	Awakinga.	id.	—	id.
id.	9. Jésuites.	Kilimane. Mopéa.	id.	—	—
id.	10. Prêtres por- tugais.	Mozambi- que.	id.	—	—
id.	11. Mission française de Notre - Dame d'Afrique.	Mponda.	id.	Nyanja.	—
II. Zanzibar et sphère d'influence allemande.	1. Société bibli- que britanni- que et étran- gère.	Zanzibar.	Bantous- païens et Mahomét.	Souahéli. Yao. Gogo.	—
id.	2. Mission an- glaise des Uni- versités.	Zanzibar. Magila. Masasi.	id.	Souahéli. Yao. Bardei.	—
id.	3. Mission alle- mande de l'A- frique orien- tale.	Dar-es- Salam. Tanga. Mbalo.	id.	Souahéli.	—
id.	4. Mission de l'E- glise anglicane.	Mpouapoua Mamboia. Uhui. Ou-Sambiro.	id.	Souaheli. Gogo.	—
id.	5. Mission de Londres.	Ou-Rambo.	id.	id.	—

N°. Subdivisions.	Agences.	Stations.	Populations.	Langues.	Remarques.
II. Zanzibar et sphère d'influence alllemande.	6. Mission française du St-Esprit et Sacré-Cœur de Marie.	Bagamoyo. Mrogoro. Mhonda.	Bantous-païens. et Mahomét.	Souahéli.	—
id.	7. Bénédictins allemands.	Dar-es-Salam.	id.	id.	—
id.	8. Mission française de Notre-Dame d'Afrique.	Tabora. Birkumbi.	Bantous-païens.	id.	—
III. Lac Tanganyika, Katanga et Sources du Congo.	1. Mission de de Londres.	Niumkorlo. Fouambo.	id.	id.	—
id.	2. Mission française de Notre-Dame d'Afrique.	Karéma.	id.	id.	—
id.	3. Mission Arnot.	Katanga.	id.	id.	—
id.	4. Mis. franç. de Notre-Dame d'Afrique.	Mpala. Kibanga.	id.	id.	—
IV. Sphère d'influence britannique.	1. Mission de l'Eglise anglicane	Mombas. Freretown. Chagga. Roubaga.	id.	Souahéli. Nyika. Taveta. Teïta. Ganda.	—
id.	2. Eglise anglaise libre mét. unie.	Ribé. Iomvu.	id.	Souahéli.	—
id.	3. Mission allemande de Neu-kirchen.	Ngao. Witou.	id.	Pokomo.	—
id.	4. Mission bavaroise.	Mbungu. Jimbe.	id.	Kamba.	—
id.	5. Mission suédoise.	Kulesu	id.	—	—

Nos. Subdivisions.	Agences.	Stations.	Populations.	Langues.	Remarques.
IV. Sphère d'influence britannique.	6. Mission française du St-Esprit et Cœur de Marie.		Bantous-païens. et Mahomét.	Souahéli.	—
id.	7. Mission française de Notre-Dame d'Afrique.	Roubaga.	id.	Ganda.	—
V. Pays des Gallas et Abyssinie.	1. Église anglaise libre méthodiste unie.	Lamou. Golbanti.	Païens et Mahométans.	Gallas.	—
id.	2. Capucins.	Zeïlah.	Mahométans.	id.	—
id.	3. Franciscains.		id.	id.	—
id.	4 Mission suédoise.	Mc Kullo.	id.	Amharic.	—
id.	5. Société de Londres.	Djenda. Alafa. Gorgora.	Juifs.	Amharic. Falasha.	—
id.	6. Société biblique britannique et étrangère.		Gallas. Giz. Bogos. Tigré. Pigrinna.	—	—
id.	7. Lazaristes.	Massaouah.	Mahométans et Chrétiens.	id.	—
id.	8. Capucins.		id.	id.	—
VI. Bassin du Haut-Nil.	1. Institut de Vérone.	Khartoum. El-Obeïd.	Païens et Mahométans.	Arabe.	—

www.ingramcontent.com/pod-product-compliance
Ingram Content Group UK Ltd.
Pitfield, Milton Keynes, MK11 3LW, UK
UKHW021001220726
13924UKWH00002B/824